虎門中央法律事務所
[編]

浜本匠・荒井隆男・高橋泰史
[編集代表]

Financial practice
in the coexisting society
with foreign nationals

Q&A
外国人との
共生社会
における
金融実務

一般社団法人 **金融財政事情研究会**

はしがき

　在留外国人の増加の契機となる「出入国管理及び難民認定法及び法務省設置法の一部を改正する法律」（平成30年法律第102号）は平成30年12月8日に成立し、一部の規定を除き平成31年4月1日に施行されました。

　この改正法の施行により、本邦は過去に経験したことのない外国人との共生社会を迎えることになりますが、その実現のためには在留外国人の生活環境の整備が不可欠であり、例えば預貯金口座の開設といった金融機関の提供するサービスについても、在留外国人が日本人と同様に円滑に利用できるような取組みが求められています。

　他方で、在留外国人は、本邦に恒久的身分的結合関係を有するわけではありませんので、在留外国人を相手方とする契約には日本人を相手方とする場合には問題とならない固有のリスクが内在することになります。今後、在留外国人の増加に伴い、本邦の金融機関が、預貯金口座の開設に限ることなく、与信や送金など様々なサービスを在留外国人に提供する機会も増加していくものと考えられますが、その際には、相手方が在留外国人であることから生じる固有のリスクについて、正しく認識し、実効的な手当てを講じていくことが必要になります。

　本書では、そのような観点から、金融機関が在留外国人との取引におけるリスクを適切にマネジメントするために確認・検討しておくべき事項について、Q&A方式での整理を試みています。本書が多くの読者に恵まれ、金融機関のこれからの実務に少しでも参考になるものであれば大変幸いです。

　なお、本書の中国語版モデル預金規定等の作成にあたっては世澤外国法事務弁護士事務所の殷宏亮中国弁護士に多大なるご尽力をいただきました。また、本書の企画趣旨にご理解をくださり、出版の機会を与えてくださいました株式会社きんざいの高橋仁様と竹﨑真実様には、執筆活動に親身になってお付き合いいただきました。この場をお借りして心からお礼を申し上げます。

　2019年8月

編集代表　浜本　匠・荒井　隆男・高橋　泰史

編著者紹介

【編著者の所属事務所】
虎門中央法律事務所
〒105-0001

東京都港区虎ノ門一丁目 1 番18号　ヒューリック虎ノ門ビル（受付 4 階）

電話番号　03-3591-3281（代表）

FAX番号　03-3591-3086

ホームページ　http://www.torachu.com/

【編者代表・著者】
浜本　　匠（はまもと　たくみ）
1994年 3 月　東京大学法学部卒業

2000年10月　弁護士登録（東京弁護士会）、虎門中央法律事務所入所

2019年 3 月〜　株式会社FHTホールディングス（東京証券取引所JASDAQ上場）
　　　　　　　社外監査役

〈主な著作・論考〉

『必携　債権法を実務から理解する21講』（共著）（商事法務、2018年）

荒井　隆男（あらい　たかお）
1999年 3 月　早稲田大学法学部卒業

2006年10月　弁護士登録（東京弁護士会）、虎門中央法律事務所入所

〈主な著作・論考〉

「金融暴排実務の到達点—政府指針公表後10年を経過して—」（金融法務事情2100
号30頁）

高橋　泰史（たかはし　たいじ）
2004年 3 月　一橋大学法学部卒業

2007年 9 月　弁護士登録（東京弁護士会）、虎門中央法律事務所入所

2014年 2 月〜2016年 2 月　金融庁・証券取引等監視委員会事務局証券検査課（専
　　　　　　　門検査官）

〈主な著作・論考〉

『新債権法下の債権管理回収実務Q＆A』（共著）（金融財政事情研究会、2017年）

【著者】

中村　克利（なかむら　かつとし）

2002年3月　中央大学法学部卒業

2006年10月　弁護士登録（東京弁護士会）、虎門中央法律事務所入所

2013年11月〜2015年10月　財務省関東財務局統括法務監査官

〈主な著作・論考〉

『金融機関のための相続法改正Q&A』（共著）（経済法令研究会、2018年）

望月　崇司（もちづき　たかし）

2002年3月　上智大学法学部卒業

2008年3月　慶應義塾大学法科大学院修了

2009年12月　弁護士登録（東京弁護士会）、虎門中央法律事務所入所

2016年5月　Georgetown University Law Center LL.M.修了

2017年7月　ニューヨーク州弁護士登録

〈主な著作・論考〉

『取引の相手方と金融実務［改訂版］』（共著）（金融財政事情研究会、2013年）

山根　航太（やまね　こうた）

2010年3月　慶應義塾大学法学部卒業

2012年3月　慶應義塾大学法科大学院修了

2013年12月　弁護士登録（東京弁護士会）、虎門中央法律事務所入所

2016年4月〜　慶應義塾大学法科大学院法務研究科助教

〈主な著作・論考〉

『Q&A働き方改革実践講座』（共著）（きんざい、2018年）

上林　祐介（かんばやし　ゆうすけ）

2013年3月　東京大学法学部卒業

2015年3月　東京大学法科大学院修了

2016年12月　弁護士登録（東京弁護士会）、虎門中央法律事務所入所

〈主な著作・論考〉

『Q&A働き方改革実践講座』（共著）（きんざい、2018年）

鈴木　恭平（すずき　きょうへい）

2015年3月　中央大学法学部卒業

2017年3月　中央大学法科大学院修了

2018年12月　弁護士登録（東京弁護士会）、虎門中央法律事務所入所

【凡　例】

■ 入管法関係

入管法　　　　　　　→出入国管理及び難民認定法

入管規則　　　　　　→出入国管理及び難民認定法施行規則

入管特例法　　　　　→日本国との平和条約に基づき日本の国籍を離脱した者等の
　　　　　　　　　　　　出入国管理に関する特例法

入管特例規則　　　　→日本国との平和条約に基づき日本の国籍を離脱した者等の
　　　　　　　　　　　　出入国管理に関する特例法施行規則

支援省令　　　　　　→特定技能雇用契約及び一号特定技能外国人支援計画の基準
　　　　　　　　　　　　等を定める省令

総合的対応策　　　　→外国人材の受入れ・共生のための総合的対応策

特定技能外国人　　　→特定技能の在留資格を有する外国人

１号特定技能外国人　→特定技能１号の在留資格を有する外国人

２号特定技能外国人　→特定技能２号の在留資格を有する外国人

受入れ機関　　　　　→特定技能雇用契約の相手方となる本邦の公私の機関

■ 犯収法関係

犯収法　　　　　　　→犯罪による収益の移転防止に関する法律

犯収令　　　　　　　→犯罪による収益の移転防止に関する法律施行令

犯収規則　　　　　　→犯罪による収益の移転防止に関する法律施行規則

マネロンガイドライン→金融庁「マネー・ローンダリング及びテロ資金供与対策に
　　　　　　　　　　　　関するガイドライン」（平成31年4月10日）

■ 外為法関係

外為法　　　　　　　→外国為替及び外国貿易法

外為令　　　　　　　→外国為替令

外為省令　　　　　　→外国為替に関する省令

外為報告省令　　　　→外国為替の取引等の報告に関する省令

■ 国外送金法関係

国外送金等調書法　　→内国税の適正な課税の確保を図るための国外送金等に係る
　　　　　　　　　　　　調書の提出等に関する法律

国外送金等調書令　　→内国税の適正な課税の確保を図るための国外送金等に係る
　　　　　　　　　　　　調書の提出等に関する法律施行令

国外送金等調書規則　→内国税の適正な課税の確保を図るための国外送金等に係る
　　　　　　　　　　　　調書の提出等に関する法律施行規

■ その他法律

現行民法	→民法の一部を改正する法律（平成29年法律第44号）による改正前の民法
改正民法	→民法の一部を改正する法律（平成29年法律第44号）による改正後の民法
民訴法	→民事訴訟法
通則法	→法の適用に関する通則法
マイナンバー法	→行政手続における特定の個人を識別するための番号の利用等に関する法律

■ 判例集・法律雑誌

民集	→最高裁判所民事判例集
刑集	→最高裁判所刑事判例集
金法	→金融法務事情
判時	→判例時報
銀法	→銀行法務21

目　　次

第1章　外国人との共生社会の到来（改正入管法解説）

1　入管法改正の背景 ………………………………………… 2
　どのような背景により入管法は改正されたのでしょうか

2　改正入管法の概要 ………………………………………… 7
　この度の入管法の改正では、どのような点に留意すべきでしょ
　うか

3　改正入管法に基づく新たな在留資格 …………………… 12
　改正入管法おいて、どのような在留資格が新たに創設されたので
　しょうか

4　日本に滞在している外国人の法律上の類型 ………… 17
　日本にはたくさんの外国人が滞在していますが、日本に滞在して
　いる外国人にはどのような法律上の類型があるのでしょうか

5　特定技能外国人の受入れ対象となる分野 …………… 20
　1号特定技能外国人、2号特定技能外国人の受入れ対象となる業
　種はどのような分野になるのでしょうか

6　受入れ機関が特定技能外国人を受け入れるための準備 ……… 24
　受入れ機関が、特定技能外国人を受け入れる際には、どのような
　準備が必要になるのでしょうか

7　在留外国人の雇用に際する一般的留意点 …………… 29
　在留外国人を雇用する際には、どのようなことに留意すればよい
　でしょうか

8　在留外国人の採用を検討している顧客に対する金融機関の支援 …… 34
　在留外国人の採用を検討している顧客に対して、金融機関として
　どのような支援をすることが考えられるのでしょうか

9　入管法の改正に際する政府の方針　‥‥‥‥‥‥‥‥‥‥‥ 38

入管法の改正に際して、日本政府はどのような方針を有している
のでしょうか

コラム❶　在留資格の変更、在留期間の更新の手続‥‥‥‥‥‥‥ 42

第2章 ― 外国人との共生社会へ向けた金融機関の課題

10　外国人との共生社会における金融機関の役割‥‥‥‥‥‥‥ 46

改正入管法の施行により、日本において生活する在留外国人が増
加することが想定されています。多くの在留外国人が日本におい
て生活していく上で、金融機関に対しては、どのような役割を果
たすことが期待されているのでしょうか

11　AMLの重要性と在留外国人との取引のリスク評価‥‥‥‥‥ 51

日本の金融機関において、マネー・ローンダリングの要請に基づ
く態勢整備が強く求められているのはなぜでしょうか。また、当
行では、日本に在留し企業で就労する様々な国籍の人から給与受
取用の口座開設に応じる機会がありますが、在留外国人名義の預
金口座については、犯罪や資金洗浄等に利用されるリスクが高い
と考えるべきでしょうか

12　在留外国人との取引に応じることとAML等の要請の両立‥‥‥ 56

外国人との取引については、預貯金口座が不正に譲渡されて犯罪
利用されている実態があるとの報道を目にしましたが、このよう
な実態を踏まえても、そもそも、在留外国人による口座開設に応
じる必要があるのでしょうか。また、応じるべきとする場合は、
不正利用のリスクにどのように対応すべきなのでしょうか

コラム❷　窓口対応における英語‥‥‥‥‥‥‥‥‥‥‥‥‥‥‥ 60

目　次　7

第3章 在留外国人との間の預貯金取引の開始

13 在留外国人からの預貯金口座開設申込みを拒否することの可否・当否 ················· 62

当行は在留外国人による預金口座の開設申込みについては原則として拒否する運用を検討していますが、そのような運用は可能であり、とくに問題はないものと理解してよいでしょうか

14 在留外国人との預貯金口座開設に際する確認事項 ····················· 66

在留外国人から給与振込用の預貯金口座開設の申込みを受けました。このような在留外国人の預貯金口座開設手続に際して、相手方にはどのような事項を確認しておくべきでしょうか

15 在留カードによる取引時確認の留意点 ····························· 73

在留外国人から預貯金口座開設の申込みを受けました。犯収法上の取引時確認を行うにあたって、どのような点に留意すべきでしょうか

16 在留カードの偽造等が判明した場合の対応 ····················· 78

在留外国人のＡさんから預貯金口座開設の申込みを受け、本人確認のため、在留カードの提示を受けました。以下の場合、どのように対応すればよいでしょうか

① 在留カードについて「透かし文字」が確認できず、偽造されたものであることが疑われる場合

② 在留カードの券面に記載されている写真や年齢等から、当該カードが、Ａさんのものではなく、他人のものであることが疑われる場合

17 預貯金口座不正譲渡の犯罪性に関する在留外国人への周知 ············· 82

在留外国人が保有する預貯金口座が増えることに伴い、預貯金口座が不正に譲渡される機会も増えるのではないかと危惧しています

① 在留外国人が預貯金口座を第三者に譲渡する実例は多いので

しょうか

② 預貯金口座を第三者に譲渡することはどのような犯罪に該当
するのでしょうか

③ 在留外国人の顧客に対し、預貯金口座を第三者に譲渡しない
よう周知するには、どのような対策が考えられるのでしょうか

18 預貯金口座の利用形態と疑わしい取引の届出 ………………… 92
当行に開設された在留外国人名義の預金口座において、断続的
に、個人名義の振込がなされている状況が見受けられるため、当
該口座に係る取引について、行政庁に対し、疑わしい取引の届出
を行う必要があるか否かを検討しています。顧客が在留外国人で
あることに関し、とくに留意すべき点はありますか

19 在留外国人の勤務先との連携 ……………………………………… 97
在留外国人が給与の振込先とすることを目的に預貯金口座の開設
を申し込んできました。この場合に開設した預貯金口座を適切に
管理するという観点から、当該外国人の勤務先と何か連携を図る
ということはありうるでしょうか。また、仮に勤務先と連携を図
る場合には、具体的にどのような連携方法がありうるでしょうか

**20 第三者たる支援者による在留外国人の預貯金口座開設申込みへ
の対応** ……………………………………………………………… 102
以下の場合に、金融機関としては、どのような点に留意して対応
すべきでしょうか

① 在留外国人のＡさんの勤務先担当者と称するＢさんから、Ａ
さんの給与振込用の預貯金口座開設の申込みを受けた場合

② 在留外国人のＣさんから預貯金口座開設の申込みを受けまし
た。Ｃさんは日本語があまり得意ではないということで、Ｃさ
んの知人のＤさんが通訳として同行している場合

21 未成年者からの預貯金口座開設申込みへの対応 …………………… 105
中国の成年年齢は18歳、インドネシアの成年年齢は21歳と聞きま

目　次　9

したが、以下の場合、成年か否かはどのように判断されるので
しょうか

① 中国人のＡさん（19歳）から預貯金口座開設の申込みがあっ
た場合

② インドネシア人のＢさん（20歳）から預貯金口座開設の申込
みがあった場合

22 外国人による預貯金契約が外為法上の資本取引に該当するか……… 109
以下の外国人から預貯金口座開設の申込みを受けた場合に、金融
機関は、預貯金契約の締結に際して、外為法上の規制を受けるの
でしょうか。また、同法上の規制を受けるとして、どのような対
応をすべきでしょうか

① １カ月前に来日した特定技能外国人

② １カ月前に来日した外国人の旅行者

③ １カ月前に来日した外国人の留学生

23 会社設立に際する預貯金口座開設申込みへの対応………………… 114
在留外国人から、「起業に際して株式会社を設立する。預貯金口
座を開設したい」との申込みを受けました。この場合に留意すべ
き点を教えてください

コラム❸ 帯同した家族による預貯金口座開設申込みへの対応………… 119

第 4 章　　在留外国人との間の預貯金取引の管理

24 米国人による預貯金口座開設申込み時におけるFATCA対応……… 122
米国人から預貯金口座開設の申込みを受けましたが、米国人によ
る口座開設に関してはFATCAという米国法規制があると聞きま
した。その規制の概要と、どのような場合に同規制の対象となる
のか教えてください

25 在留外国人による預貯金口座開設申込み時におけるCRS規制対応 ……………… 129

米国人ではない在留外国人から預貯金口座の開設申込みを受けました。米国人による口座申込みの場合におけるFATCAのような規制は、他の国籍者との間にはないのでしょうか

26 在留外国人の開設した預貯金口座固有のリスクと低減措置 ………… 132

在留外国人の預貯金口座については、日本人の預貯金口座と比べて、不正利用等の可能性が高いと考えるべきなのでしょうか。また、金融機関が、預貯金口座が犯罪利用されるリスクを低減するためには、どのような対応を講じるべきでしょうか

27 長期間にわたり利用されていない外国人の預貯金口座に動きがあった場合 ……………………………………………… 136

約5年間も入出金がまったくなかった外国人の預貯金口座に対し、突然、ある法人から50万円が振り込まれ、着金の3日後にキャッシュカードを用いて30万円が引き出され、さらにその2日後には国内の別の金融機関に開設されている個人名義の預貯金口座にインターネットバンキングを用いて20万円が振込送金されました。今後、どのように対応すべきでしょうか

28 在留期間の満了を理由とする現行の預金規定等に基づく解約の可否 …………………………………………………… 138

外国人預貯金者の在留期間が既に満了している場合、在留期間の満了自体を理由として当該預貯金者の預貯金口座を強制解約することはできるのでしょうか

29 預金規定等の変更の有用性 ………………………………… 142

在留外国人に開設した預貯金口座については、不正な譲渡を防止するために適切な管理を実施することが必要なことは理解していますが、そのために現行の預金規定等を変更することまで必要なのでしょうか

30 届出を受けた在留期間の満了を取引制限事由や解約事由とする追加条項の有効性 ……………………………………… 147

当行では、預金口座の不正利用防止の手段として、在留外国人に開設した預金口座に関しては、届出を受けた在留期間の満了を解約事由や取引制限事由とする条項を預金規定に追加することを検討しています。このような追加条項は有効なのでしょうか。とくに、追加時点で既に開設されていた預金口座にも拘束力を有するのか不安です。また、このような条項の追加にあたって有効性のほかに合わせて検討しておくべきことは何かあるでしょうか

31 預金規定等における準拠法・裁判管轄・言語に関する追加条項 ……… 153

今般、当行は現行の預金規定について、預金取引の相手方に一定の在留外国人も相当数含まれることを前提とした内容に改定することを検討しています。この検討は、預金口座の譲渡、不正利用を防止する条項を追加することを主眼としていますが、別の観点から何か変更や追加すべき条項があるでしょうか

32 在留外国人の預貯金者の所在がわからない場合の対応 ……………… 158

在留期間満了前の外国人預貯金者が、現在、届出を受けた住所に住んでおらず、連絡がつきません。当該預貯金者の口座を強制解約することができるのでしょうか。また、強制解約以外にはどのような対応が考えられるでしょうか

33 在留外国人の預貯金口座について取引制限や解約をした場合の事後処理 …………………………………………………………… 162

在留期間の満了等を取引制限事由・解約事由とする規定を新設し、そうした規定に基づき預貯金取引の制限や預貯金口座の強制解約を行った場合、取引制限・解約後の対応はどのようにすればよいでしょうか

34 帰国しても預貯金口座を維持したいという申出への対応 ………… 166

当行に預金口座を開設した外国人から、在留期間満了に伴い帰国

するが、当該口座を維持したいとの要望がありました。どのように対応すればよいでしょうか

35 預貯金者である在留外国人が死亡した場合の対応……………170
ある在留外国人預貯金者の相続人という人から、「預貯金者が死亡した。自分が相続人なので、預貯金を払い戻したい」という連絡がありました。その相続人に対して払戻しをしてもよいでしょうか

コラム❹ 在留期間の満了以外の事由による在留資格の喪失…………176

第5章 在留外国人とのその他の取引における留意点

36 在留外国人による外国への送金依頼への対応①
（外為法による規制）………………………………………180
当行に預金口座を開設した在留外国人から、本国であるＸ国の父親の口座へ金200万円相当額をＸ国の通貨に両替した上で送金したいという依頼を受けました。外為法上、対応しても問題ないでしょうか。また、対応してもよい場合にはどのような手続が必要でしょうか

37 在留外国人による外国への送金依頼への対応②
（国外送金等調書法および犯収法による規制）………………186
預金口座を開設した在留外国人から本国であるＸ国の父親名義の口座へ金200万円相当額をＸ国の通貨に両替した上で送金したいという申出を受けたというＱ36と同様の事例で、外為法以外の国内法令で遵守すべき規制はあるでしょうか

コラム❺ OFAC規制………………………………………190

38 外国からの送金への対応………………………………191
在留外国人が保有する預金口座に、本国であるＸ国の父親から振込がありました。このような外国からの送金を受けても問題ない

目　次　13

でしょうか

39　在留外国人との与信取引における留意点 ……………………… 194

在留外国人が増えてくることにより、在留外国人との間で与信取引をする場面も増えてくるものと思われます。在留外国人との与信取引について、どのような留意点がありますか

40　在留外国人との与信取引に伴う担保徴求 …………………… 200

在留外国人との与信取引の際に、債務者の不動産や定期預金に担保を設定することを考えています。担保を設定する際、どのような点に留意する必要があるでしょうか。また、設定者である外国人が日本にいない場合に担保権を実行する場合、どのような点に留意したらよいでしょうか

41　在留外国人を保証人とする場合の留意点 ………………… 204

ある事業者貸付をしている会社の社長が、保証人の候補者として在留外国人（永住権はなく、また会社の役員でもない方）を連れて来ることになりました。この場合、どのような点に留意したらよいでしょうか（本設問は2020年4月以降であることを想定しています）

42　外国人に対する債権の回収の留意点 ……………………… 209

外国人の債務者が債務を完済しないまま行方がわからなくなってしまい、どうやら既に本国に帰っているようで、任意交渉が難しい状況です。そこで、その債務者の預貯金債権と相殺し、それでも回収できない部分は貸金返還請求訴訟等の提起を考えていますが、相殺や裁判について、どのような点に気をつけたらよいでしょうか

43　在留外国人の債務者が死亡した場合の対応 ……………… 214

与信取引をしていた在留外国人が亡くなってしまったという情報があり、返済も止まっています。死亡によって相続が発生すると思われますが、在留外国人の債務者の相続人に請求できるので

しょうか

44 在留外国人との金融商品取引に関する留意点 ·························· 218

これまで在留外国人との金融商品取引は行ってこなかったのです
が、在留外国人の増加に伴い、金融商品取引の対象を広げようと
考えています。在留外国人との間の金融商品取引について、留意
点等を教えてください

45 金融機関において在留外国人に保険商品を販売する際の留意点 ····· 222

当行では、顧客の幅広いニーズに応えるため、生命保険・損害保
険を取り扱っています。具体的には、終身保険、医療保険、がん
保険、介護保険、年金保険・養老保険、定期保険・収入保障保
険、学資保険等です。これらの保険商品を在留外国人に販売する
際に留意すべき点を教えてください

**46 在留外国人との間の取引においてマイナンバーの確認が必要な
場合** ·· 226

預貯金口座取引、投資信託取引、少額非課税制度（マル優）の利
用、財形貯蓄（年金・住宅）、外国への送金・外国からの送金など
の取引では、金融機関から税務署に提出する法定調書に顧客のマ
イナンバー（個人番号／法人番号）を記載する必要があります。
在留外国人の顧客でも同じでしょうか

47 印鑑を用いない取引の留意点 ······································ 230

在留外国人による預貯金口座開設や与信取引においては、印鑑で
はなくサインが使われることが考えられます。サインによる取引
の場合、どのような点に留意すればよいでしょうか

48 在留外国人からの苦情対応 ·· 234

在留外国人との取引が増えることで、在留外国人から苦情が来る
ことも予想されます。在留外国人からの苦情について、どのよう
に対応したらよいでしょうか

コラム❻ ATMで不自然な挙動をしている外国人を認識した場合 ········ 237

目　次　15

| 資　料 | モデル預金規定等 |

日本語版 ……………………………………………………………… 240

英語版 ………………………………………………………………… 247

中国語版 ……………………………………………………………… 256

事項索引 ……………………………………………………………… 261

第 1 章

外国人との共生社会の到来
（改正入管法解説）

1　入管法改正の背景

Q　どのような背景により入管法は改正されたのでしょうか

　近年、とくに中小企業・小規模事業者、建設業、介護等の特定の分野における人手不足が深刻化しています。また就労目的での在留が認められていない非専門的・非技術的な分野では、留学生によるアルバイトや技能実習生がその足りていない労働力の一端を担っているという状況にあります。

　そこで、入管法を改正し、一定の専門性・技能を有する、即戦力となる外国人材を幅広く受け入れるべく、外国人の在留資格を拡大させることになりました。

解説

1　近年の日本における労働力の減少

　少子高齢化が進む日本では、15歳以上65歳未満の年齢（いわゆる生産年齢）の人口が1997年以降減少し続けています[1]。また、2009年以降増加を続けてきた有効求人倍率（有効求職者数に対する有効求人数の比率）は、2019年3月時点では1.63倍となっており[2]、日本における労働力は不足している状況にあります。

　また、日本商工会議所の行った、人手不足等の対応に関する調査では、中

1　首相官邸「生産年齢人口の推移」(http://www.kantei.go.jp/jp/singi/hatarakikata/pdf/sankou_h290328.pdf)。
2　厚生労働省「一般職業紹介状況（平成31年3月分及び平成30年度分）」（平成31年4月26日）(https://www.mhlw.go.jp/content/11602000/000504115.pdf)。

小企業や特定の分野における人手不足の状況が顕著に現れています[3]。さらに東京商工リサーチの調査によると、2018年度は人手不足関連の倒産件数が2013年度の調査開始以来、過去最高になり、そのうち人手の確保が困難なことを理由とする倒産件数が大きく増加しました[4]。

2　日本における在留外国人数、外国人労働者数の増加

その一方で、日本における在留外国人数は、2008年のリーマンショックから2011年の東日本大震災後にかけて一時減少傾向にあったものの、2018年6月の時点で約263万人となり[5]、過去最高を更新しています。

そして、外国人雇用状況の届出制度に基づく厚生労働省の調査によると、2018年10月末時点において雇用の届出がなされている外国人労働者（特別永住者、在留資格「外交」・「公用」の者を除きます）数は、146万463人であり、前年同期における調査から18万1793人（14.2％）増加し、2007年に同届出が義務化されて以降、過去最高を更新しました。また、外国人労働者を雇用する事業者数も約21万カ所であり、前年から2万カ所以上（11.2％）が増加し、こちらも過去最高を記録しています[6]。

以上のデータからも明らかなとおり、少子高齢化が進む日本において、外国人労働者の労働力は無視できない重要なものとなってきました。

3　日本商工会議所の実施した「人手不足等の対応に関する調査」（2018年6月7日）では、人員の過不足状況について、回答企業数2673社のうち65％の企業で不足しているとの回答が出ており、業種別にみると、主に「宿泊・飲食業」「運輸業」「建設業」「介護・看護」「製造業」等を中心に不足しているとの回答結果が得られています（https://www.jcci.or.jp/Laborshortagesurvey2018.pdf）。

4　東京商工リサーチ「年度　全国企業倒産状況　2018年度（平成30年度）の全国企業倒産8,111件」（http://www.tsr-net.co.jp/news/status/year/2018.html）。

5　在留外国人統計（旧登録外国人統計）「国籍・地域別　在留資格（在留目的）別　在留外国人」調査年月日2018年6月（https://www.e-stat.go.jp/stat-search/files?page=1&layout=datalist&toukei=00250012&tstat=000001018034&cycle=1&year=20180&month=12040606&tclass1=000001060399）。

6　厚生労働省「「外国人雇用状況」の届出状況まとめ（平成30年10月末現在）」（https://www.mhlw.go.jp/stf/newpage_03337.html）。

3 日本の在留制度

ところで、日本に滞在する外国人は、入管法の適用を受け、同法が定める**図表1**の在留資格のいずれかを取得することが必要となります。そして、在留外国人の活動内容は、その在留資格により規制されています（同法2条の2、同法別表第1、同第2）。

改正前入管法において、原則として就労が可能な在留資格は、大学教授、弁護士、医師、研究者等の限られた就労目的で在留が認められる在留資格（**図表1**「就労が認められる在留資格」。いわゆる「専門的・技術的分野」）と、定住者、永住者、日本人の配偶者等の身分・地位に基づき認められる在留資格（**図表1**「身分・地位に基づく在留資格」）に限られていました。

そして、これらの在留資格を有しない在留外国人に就労が認められるのは、就労可能な在留資格ではあるものの、外国人の技能実習の適正な実施及び技能実習生の保護に関する法律（以下、本設問において「技能実習法」といいます）の適用を受け、日本で開発され培われた技能、技術または知識の開発途上国等への移転を図り、その開発途上国等の経済発展を担う「人づくり」に協力することを目的とする技能実習制度のもとで在留資格が付与されている技能実習と、原則として就労が認められない留学生が資格外活動許可を受けてアルバイトを行う場合などに限定されていました。

もっとも、技能実習は、技能、技術または知識の習得を目的とすることから、労働力の需給の手段として行われてはならないとされています（技能実習法3条2項）。また、留学生のアルバイトは、本来の在留資格の活動を阻害しない範囲内（1週間28時間以内等）に限り、相当と認められる場合に報酬を受ける活動が許可されているにとどまり（入管法19条2項、入管規則19条5項1号）、その就労には時間的な制約が課せられています。

4 留学生アルバイトや技能実習生の問題

本来であれば、時間的制約のある留学生のアルバイトや制度目的が異なる

図表1　在留資格一覧表[7]

分　類	在留資格	該当例
就労が認められる在留資格（活動制限あり）	外　交	外国政府の大使、公使等およびその家族
	公　用	外国政府等の公務に従事する者およびその家族
	教　授	大学教授等
	芸　術	作曲家、画家、作家等
	宗　教	外国の宗教団体から派遣される宣教師等
	報　道	外国の報道機関の記者、カメラマン等
	高度専門職	ポイント制による高度人材
	経営・管理	企業等の経営者、管理者等
	法律・会計業務	弁護士、公認会計士等
	医　療	医師、歯科医師、看護師等
	研　究	政府関係機関や企業等の研究者等
	教　育	高等学校、中学校等の語学教師等
	技術・人文知識・国際業務	機械工学等の技術者等、通訳、デザイナー、語学講師等
	企業内転勤	外国の事務所からの転勤者
	介　護	介護福祉士
	興　行	俳優、歌手、プロスポーツ選手等
	技　能	外国料理の調理師、スポーツ指導者等
	特定技能※	特定産業分野の各業務従事者
	技能実習	技能実習生
身分・地位に基づく在留資格（活動制限なし）	永住者	永住許可を受けた者
	日本人の配偶者等	日本人の配偶者・実子・特別養子
	永住者の配偶者等	永住者・特別永住者の配偶者、日本で出

7　出入国在留管理庁「新たな外国人材の受入れ及び共生社会実現に向けた取組」（平成31年6月）4頁（http://www.moj.go.jp/content/001293198.pdf）。

第1章　外国人との共生社会の到来（改正入管法解説）　5

		生し引き続き在留している実子
	定住者	日系3世、外国人配偶者の連れ子等
就労の可否は指定される活動によるもの	特定活動	外交官等の家事使用人、ワーキングホリデー等
就労が認められない在留資格 （資格外活動許可を受けた場合に一定の範囲で就労が可能）	文化活動	日本文化の研究者等
	短期滞在	観光客、会議参加者等
	留　学	大学、専門学校、日本語学校等の学生
	研　修	研修生
	家族滞在	就労資格等で在留する外国人の配偶者、子

※入管法改正により追加。

技能実習生は、日本における労働力として見込むべきではありません。

　しかし、既に2014年以降、資格外活動（留学・家族滞在等）による労働者の数は、専門的・技術的分野の在留資格を有する労働者の数を上回っています[8]。また、上記厚生労働省の調査によれば、外国人労働者のうち、留学生によるアルバイト等の資格外活動と技能実習生の割合がそれぞれ2割を超えており、中小企業・小規模事業者をはじめとする日本における労働力の一端を担っているという状況にあります。

5　新たな在留資格創設の必要性

　以上の背景より、中小企業・小規模事業者をはじめとした人手不足の深刻化に対応するために、留学生の資格外活動や技能実習に頼らずに、一定の専門性・技能を有し、即戦力となる外国人材を幅広く受け入れていく仕組みを構築することが必要となりました。

8　首相官邸「外国人労働者」(http://www.kantei.go.jp/jp/singi/hatarakikata/pdf/sankou_h290328.pdf)。

2 改正入管法の概要

Q この度の入管法の改正では、どのような点に留意すべきでしょうか

A 特定技能の在留資格に係る制度を創設し、人材を確保することが困難な状況にある産業上の分野において、一定の専門性・技能を有し即戦力となる外国人を受け入れていく仕組みを構築しました。

また、かかる仕組みの構築に伴い、その運用に関する基本方針および分野別運用方針に関する規定、特定技能外国人受入れのプロセス等に関する規定、受入れ機関の外国人に対する支援に関する規定等のほか、法務省の外局として新設された出入国在留管理庁に関する規定等が整備されています。

解説

1 新たな外国人材受入れのための在留資格の創設

(1) 在留資格「特定技能1号」「特定技能2号」の創設

入管法の改正は、改正前入管法の専門的・技術的分野における外国人の受入れ制度を拡充し、一定の専門性・技能を有する外国人に幅広く在留資格を

図表2 特定技能1号および特定技能2号の内容

在留資格	内　　容
特定技能1号	不足する人材の確保を図るべき産業上の分野に属する相当程度の知識または経験を要する技能を要する業務に従事する外国人向けの在留資格
特定技能2号	不足する人材の確保を図るべき産業上の分野に属する熟練した技能を要する業務に従事する外国人向けの在留資格

第1章　外国人との共生社会の到来（改正入管法解説）　7

認めることを目的とするものです。そこで、特定の技能を有する外国人に係る在留資格として、**図表2**の特定技能という在留資格を創設しました。

　新たな在留資格である特定技能に関する詳細は**Q3**を参照してください。

(2) 基本方針および分野別運用方針に関する規定の整備

ア　分野横断的な方針を明らかにするための「基本方針」に関する規定

　特定技能の在留資格に係る制度を適正に運用するため、特定技能の在留資格に係る制度の運用に関する基本方針を定めることとされました（入管法2条の3）。そして、同条を受け、2018年12月25日、基本方針が閣議決定され、公表されています[1]。

イ　受入れ分野ごとの方針を明らかにするための「分野別運用方針」に関する規定

　上記基本方針にのっとり、外国人により不足する人材の確保を図るべき産業上の分野における特定技能の在留資格に係る制度の運用に関する方針を定めることとされました（入管法2条の4）。同方針の策定は、当該産業上の分野を所管する関係行政庁の長等と共同して行われます。

　そして、入管法2条の4を受け、全14業種を含む分野別運用方針が定められ、2018年12月25日に公表されています[2]。

(3) 受入れのプロセス等に関する規定の整備

　日本に上陸しようとする外国人は、上陸のための審査を受けなければならないところ（入管法6条2項）、上陸のための条件に適合していることを自ら立証する必要があります。そして、特定技能外国人は、在留資格認定証明書によりその立証をしなければなりません（同法7条2項）。

　また、特定産業分野を所管する関係行政機関の長は、上記分野別運用方針に基づき、当該特定産業分野において必要とされる人材が確保されたと認め

1　法務省ほか「特定技能の在留資格に係る制度の運用に関する基本方針について」（平成30年12月25日）（http://www.moj.go.jp/content/001278434.pdf）。

2　法務省ほか「特定技能の在留資格に係る制度の運用に関する方針について」（http://www.moj.go.jp/content/001278435.pdf）。

られるときは、法務大臣に対し、一時的に在留資格認定証明書の交付の停止の措置を求めることができ（入管法7条の2第3項）、法務大臣はこれを受け、一時的に在留資格認定証明書の交付の停止の措置をとることにより（同条4項）、特定技能外国人の数を調整することになります。

(4) 外国人に対する支援に関する規定の整備

1号特定技能外国人の受入れ機関は、当該機関が受け入れる1号特定技能外国人の日本における活動を安定的かつ円滑に行うことができるようにするための職業生活上、日常生活上または社会生活上の支援の実施に関する支援計画を作成し、同支援計画に基づいて、支援を実施しなければなりません（入管法2条の5第6項・7項、19条の22第1項）。

なお、支援計画について適合することが求められる基準として、支援省令[3]が定められました（入管法2条の5第8項）。

(5) 受入れ機関に関する規定の整備

受入れ機関は、当該特定技能外国人との間で雇用契約を締結することになりますが、かかる雇用契約の内容について、例えば外国人であることを理由として、報酬の決定、教育訓練の実施、福利厚生施設の利用、その他の待遇について、差別的取扱いをしてはならない等の基準が設けられました（入管法2条の5第1項・2項）。

また、受入れ機関についても、①雇用契約の適正な履行や②支援計画の適正な実施が確保されるための基準が設けられています（入管法2条の5第3項1号・2号、同条4項）。

(6) 登録支援機関に関する規定の整備（入管法19条の23以下）

受入れ機関は、契約により、他の者に対し、特定技能外国人に対する支援の全部または一部の実施を委託することができ、委託を受けて1号特定技能外国人の支援を行う者は、出入国在留管理庁長官の登録を受けることができることとされました。

3　法務省「特定技能雇用契約及び一号特定技能外国人支援計画の基準等を定める省令」（http://www.moj.go.jp/content/001288310.pdf）。

登録支援機関の登録を受けるための基準についても、5年以内に出入国・労働法令違反がないなど、受入れ機関自体が適切であることや、外国人が理解できる言語で支援できることなどの外国人を支援する体制が整備されていることが定められています。

(7) **届出、指導・助言、報告等に関する規定の整備**

ア 外国人、受入れ機関および登録支援機関による出入国在留管理庁長官に対する届出規定

受入れ機関は、特定技能外国人との間の雇用契約の変更（法務省令で定める軽微な変更を除く）、終了、新たな契約の締結、1号特定技能外国人支援計画の変更（法務省令で定める軽微な変更を除く）などを行う場合には、出入国在留管理庁長官に対して、その旨および法務省令で定める事項を届け出なければならない旨定められました（入管法19条の18）。

イ 出入国在留管理庁長官による受入れ機関および登録支援機関に対する指導・助言規定、報告徴収規定等（入管法19条の19、20、21）

また、出入国在留管理庁長官は、受入れ機関に対し、特定技能外国人との雇用契約や支援計画が基準に適合することや、当該契約や支援計画の適正な履行を確保するため必要があるときは、必要な指導および助言を行うことができるものとされ、そのための報告徴収、改善命令に関する規定も設けられています。

2　法務省の任務の改正

改正前入管法における法務省の任務は、「出入国の公正な管理」とされていましたが、今回の入管法の改正により、「出入国及び在留の公正な管理」と改められています。

3　出入国在留管理庁の設置

また、改正前入管法のもとでは、法務省の内部部局の1つとして入国管理局が設置されていましたが、今回の入管法の改正に伴い、法務省の外局とし

て、外国人の出入国および在留の公正な管理を図ることなどを任務とする
「出入国在留管理庁」が設置されました。

4　施　行　日

　改正入管法は、施行日前に定められる基本方針に関するものなどの一部を
除き、2019年4月1日から施行されています。

第1章　外国人との共生社会の到来（改正入管法解説）　11

3 改正入管法に基づく新たな在留資格

Q 改正入管法おいて、どのような在留資格が新たに創設されたのでしょうか

A 特定技能1号と特定技能2号の在留資格は、これまでの在留資格に基づく就労が、専門的・技術的分野にしか認められていなかったのに対し、幅広い分野における就労を認めるものです。

特定技能1号は、在留期間が通算で上限5年とされていることや、生活や業務に必要な日本語能力を試験等で確認することとされている点に特徴があります。これに対し、特定技能2号は、在留期間の更新に上限がないことや、要件を満たせば家族の帯同が可能とされている点に特徴があります。

解説

1 特定技能1号および特定技能2号の在留資格

これまでは、就労を目的とする在留資格は、専門的・技術的分野に限られていました。今回の入管法の改正は、幅広い分野における就労を目的とする特定技能1号と特定技能2号の資格を新設するものであり、これにより、就労を目的とする在留資格の範囲を拡充するものです。

以下、特定技能1号および特定技能2号の在留資格について説明します。

2 在留資格「特定技能1号」

(1) 特定技能1号とは

特定技能1号は、特定産業分野に属する相当程度の知識または経験を必要とする技能を要する業務に従事する外国人向けの在留資格をいいます。

特定技能1号が認められる特定産業分野は、介護業、ビルクリーニング

業、素形材産業、産業機械製造業、電気・電子情報関連産業、建設業、造船・舶用工業、自動車整備業、航空業、宿泊業、農業、漁業、飲食料品製造業、外食業の14分野です。

(2) 在留期間

特定技能１号の在留資格をもって在留することができる期間は、１年、６カ月または４カ月とされ、在留期間の更新を行うことはできますが、通算して５年を超えることができないこととされています。

(3) 技能水準

特定技能１号の在留資格には、相当程度の知識または経験を必要とする技能が求められます。これは、相当期間の実務経験等を要する技能であって、特段の育成・訓練を受けることなく直ちに一定程度の業務を遂行できる水準のものをいいます。

当該技能水準は、分野別運用方針[1]において定める当該特定産業分野の業務区分に対応する試験等により確認することとされています。具体的には、総合的対応策[2]の中で、技能水準に関する試験と後述する日本語能力に関する試験は、国際交流基金日本語基礎テストを実施することとされた９カ国（ベトナム、フィリピン、カンボジア、中国、インドネシア、タイ、ミャンマー、ネパール、モンゴル）のうち、国際交流基金日本語基礎テストの実施環境等が整った国から順次実施するとされており[3]、既に介護分野における第１回介護技能評価試験が2019年４月13日から同月14日にかけて、フィリピン（マニラ）で実施され、第５回介護技能評価試験も同年７月１日から同月４日および同月８日から11日にかけて同所において実施されました[4]。

1　前掲Ｑ２脚注２。
2　後掲Ｑ９脚注２。
3　厚生労働省 社会・援護局 福祉基盤課 福祉人材確保対策室「「介護技能評価試験」試験実施要領」（平成31年３月）（https://www.mhlw.go.jp/content/12000000/000499290.pdf）。
4　厚生労働省「第５回介護技能評価試験・介護日本語評価試験」（https://www.mhlw.go.jp/stf/newpage_000117702_00002.html）。

第１章　外国人との共生社会の到来（改正入管法解説）　13

⑷　**日本語能力水準**

　特定技能 1 号の在留資格には、ある程度日常会話ができ、生活に支障がない程度の日本語能力を有することを基本としつつ、特定産業分野ごとに業務上必要な日本語能力水準が求められます。

　当該日本語能力水準は、分野所管行政機関が定める試験等により確認することとされています。既に14分野共通の国際交流基金日本語基礎テストや介護分野における介護日本語評価試験が、上記介護技能評価試験と同日程で実施されています[5]。

⑸　**第 2 号技能実習との関係**

　第 2 号技能実習（技能実習規則 1 条 2 号に規定する「第 2 号技能実習」をいいます。以下、本設問において同じ）を修了した者については、上記⑶の技能水準試験および上記⑷の日本語能力試験等を免除し、必要な技能水準および日本語能力水準を満たしているものとして取り扱うこととされています[6]。

　そのため、特定技能 1 号の技能水準に関する試験、日本語能力試験を受験する者のほかに、相当数の第 2 号技能実習生から、特定技能 1 号の在留資格へ移行することが見込まれます。

⑹　**家族の帯同の可否**

　1 号特定技能外国人の配偶者および子に対しては、在留資格は基本的に付与しないこととされています。したがって、1 号特定技能外国人の配偶者および子が日本に在留するためには、別個に在留資格を取得する必要があります。

⑺　**受入れ機関または登録支援機関による支援の有無**

　特定技能 1 号は、受入れ機関または登録支援機関の支援の対象とされています。

5　前掲脚注 2 。
6　前掲Ｑ 2 脚注 2 。

3　在留資格「特定技能2号」

(1)　特定技能2号とは

　特定技能2号は、特定産業分野に属する熟練した技能を要する業務に従事する外国人向けの在留資格をいいます。

　特定技能2号が認められる特定産業分野は、建設業、造船・舶用工業の2分野です。

(2)　在留期間

　特定技能2号の在留資格をもって在留することができる期間は3年、1年または6カ月とされ、在留期間の更新を行うことができ、その在留期間の更新に上限はありません。

(3)　技能水準

　特定技能2号の在留資格には、熟練した技能が求められます。これは、長年の実務経験等により身に付けた熟達した技能をいい、現行の専門的・技術的分野の在留資格を有する外国人と同等またはそれ以上の高い専門性・技能を要する技能であって、例えば自らの判断により高度に専門的・技術的な業務を遂行できる、または監督者として業務を統括しつつ、熟練した技能で業務を遂行できる水準のものをいいます。

　当該技能水準は、分野別運用方針[7]において定める当該特定産業分野の業務区分に対応する試験等により確認することとされています。

(4)　日本語能力水準

　特定技能1号の在留資格とは異なり、特定技能2号の在留資格を取得する際に、日本語能力を試験等で確認することは必要とされていません。

(5)　家族の帯同の可否

　2号特定技能外国人の配偶者および子に対しては、要件を満たすことで、「家族滞在」の在留資格が付与される旨が定められました（**コラム3**参照）。

7　前掲Q2脚注2。

第1章　外国人との共生社会の到来（改正入管法解説）　15

(6) 受入れ機関または登録支援機関の支援の有無

特定技能2号は、受入れ機関または登録支援機関による支援の対象とはされていません。

図表3－1　特定技能1号と特定技能2号のポイント[8]

	分野数	業務内容	在留期間	技能	日本語能力	家族の帯同	支援
特定技能1号	14	特定産業分野に属する相当程度の知識または経験を必要とする技能を要する業務	1年、6カ月または4カ月ごとの更新（通算で上限5年まで）	試験等で確認	生活や業務に必要な日本語能力を試験等で確認	基本的に認めない	あり
				第2号技能実習を修了した外国人は試験等免除			
特定技能2号	2	特定産業分野に属する熟練した技能を要する業務	3年、1年または6カ月ごとの更新（通算の上限なし）	試験等で確認	試験等での確認は不要	要件を満たせば可能（配偶者、子）	なし

図表3－2　就労が認められる在留資格の技能水準[9]

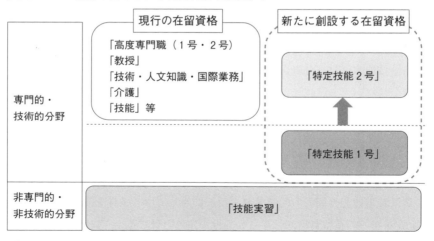

8　前掲Q1脚注7（8頁）。
9　前掲Q1脚注7（8頁）。

4 日本に滞在している外国人の法律上の類型

Q 日本にはたくさんの外国人が滞在していますが、日本に滞在している外国人にはどのような法律上の類型があるのでしょうか

日本で生活している外国人は、基本的に在留資格を有しており、一定期間日本に在留する外国人である中長期在留者と特別永住者、旅行客などの短期滞在の在留資格で日本に在留する外国人などに分けられます。

解説

1　日本に滞在している外国人

街中、出勤時の電車、コンビニ、居酒屋、観光地等、外出をして外国人を目にしない日はないくらい、日本で生活または日本を訪問している外国人は増えています。その外国人の格好も、スーツを着ているビジネスマン、大きなカバンを持った旅行客、大学に通う学生など様々です。

そこで、目の前にいる外国人が、どのような目的で、どのような身分に基づき、日本で生活、訪問している者なのか、日本に滞在している外国人の法律上の類型について整理します。

2　日本で生活している外国人の法律上の類型

Q1でも説明したとおり、日本に滞在する外国人は、基本的に入管法の適用を受け、在留資格を有しています。在留資格を有していない外国人は、米国軍隊の構成員等、日米地位協定の適用を受け日本に滞在する特別な場合（日本国とアメリカ合衆国との間の相互協力及び安全保障条約第六条に基づく施設

第1章　外国人との共生社会の到来（改正入管法解説）　17

及び区域並びに日本国における合衆国軍隊の地位に関する協定9条1項）を除き、不法在留者です。

　そして、在留資格を有する外国人は、一定期間日本に在留する外国人である中長期在留者、入管特例法の適用を受ける第2次世界大戦終戦前から引き続き居住している在日韓国人・朝鮮人・台湾人およびその子孫が在留するための資格である特別永住者、また「3月」以下の在留期間が決定された者や旅行客等の短期滞在の在留資格で日本に在留する外国人等に分けられます。

　なお、法務省は、中長期在留者と特別永住者を併せて、「在留外国人」とし、在留外国人に「3月」以下の在留期間が決定された者、短期滞在の在留資格が決定された者、「外交」または「公用」の在留資格が決定された者などを加えたものを「総在留外国人」としています[1]。

3　在留カードの交付と住民票の取得の有無

　中長期在留者は在留カード（入管法19条の3）、特別永住者は特別永住者証明書（入管特例法7条1項）の交付を受けます。また、中長期在留者と特別永住者は、在留カードまたは特別永住者証明書を提示し住居地を市町村長に届け出ることにより住民票の登録をしなければなりません（入管法19条の7第1項・3項、入管特例法10条1項、住民基本台帳法30条の45・46）。

　これに対し、観光客等の短期滞在の在留資格等で日本に在留する外国人には在留カードは交付されず、また住民票の登録もされません。

1　法務省「用語の解説　在留外国人統計（旧登録外国人統計）2018年6月末」（http://www.moj.go.jp/content/001275890.pdf）。

図表 4　日本に滞在している外国人の法律上の類型

在留資格の有無	法務省定義	種　類	例	在留カード特別永住者証明書	住民票
在留資格を有する者	総在留外国人	（在留外国人）中長期在留者	日本人の配偶者、定住者、企業等に勤める外国人（在留資格が「技術」や「人文知識・国際業務」など）、特定技能、技能実習生、留学生や永住者	あり（在留カード）	あり
		（在留外国人）特別永住者	戦前から日本に在留している在日韓国人・朝鮮人・台湾人	あり（特別永住者証明書）	あり
		「3月」以下の在留期間が決定された者		なし	なし
		「短期滞在」の在留資格が決定された者	観光客	なし	なし
		「外交」または「公用」の在留資格が決定された者	外国政府の大使、公使外国政府の大使館・領事館の職員	なし	なし
		上記3つの外国人に準じるものとして法務省令で定める人	「特定活動」の在留資格が決定された、台湾日本関係協会の日本の事務所もしくは駐日パレスチナ総代表部の職員またはその家族	なし	なし
在留資格を有しない者		米国軍隊の構成員および軍属ならびにそれらの家族である者	日本国の領域にある間における米国の陸軍、海軍または空軍に属する人員で現に服役中の者米国軍隊に雇用され、勤務する者	なし	なし
		不法在留者	不法滞在者	なし	なし

5 特定技能外国人の受入れ対象となる分野

1号特定技能外国人、2号特定技能外国人の受入れ対象となる業種はどのような分野になるのでしょうか

1号特定技能外国人の受入れ対象は、介護業、ビルクリーニング業、素形材産業、産業機械製造業、電気・電子情報関連産業、建設業、造船・舶用工業、自動車整備業、航空業、宿泊業、農業、漁業、飲食料品製造業、外食業の14分野とされています。

2号特定技能外国人の受入れ対象は、建設業と造船・舶用工業の2分野とされています。

....

解説

1　1号特定技能外国人を受け入れる対象となる分野

1号特定技能外国人を受け入れる対象となる分野は、**図表5**の14分野とされています。2018年12月25日に閣議決定された基本方針[1]、各分野の分野別運用方針[2,3]によれば、2019年4月から5年間で、最大34万5150人を受け入れることとされています。

2　2号特定技能外国人を受け入れる対象となる分野

2号特定技能外国人は、制度開始後、数年間は受入れをしない方針とされており、**図表5**の14業種のうち、建設業と造船・舶用工業の2分野のみにお

1　前掲Q2脚注1。
2　前掲Q2脚注2。
3　法務省ほか「特定技能の在留資格に係る制度の運用に関する方針に係る運用要領　※全体版」(http://www.moj.go.jp/content/001293514.pdf)。

図表5　改正入管法による外国人労働者の受入れ対象業種等[4]

	分　野	受入れ見込数（5年間の最大値）	技能試験開始予定時期		従事する業務	雇用形態
			特定技能1号	特定技能2号		
厚労省	介　護	60,000人	2019年4月		身体介護等（利用者の心身の状況に応じた入浴、食事、排泄の介助等）	直接
	ビルクリーニング	37,000人	2019年秋以降		建築物内部の清掃	直接
経産省	素形材産業	21,500人	2020年3月まで		鋳造、鍛造、ダイカスト、機械加工、金属プレス加工等	直接
	産業機械製造業	5,250人	2020年3月まで		鋳造、鍛造、ダイカスト、機械加工、塗装、鉄工等	直接
	電気・電子情報関連産業	4,700人	2020年3月まで		機械加工、金属プレス加工、工場板金、めっき、仕上げ等	直接
国交省	建　設	40,000人	2020年3月まで	2022年3月まで	型枠施工、左官、コンクリート圧送、トンネル推進工、建設機械施工等	直接
	造船・舶用工業	13,000人	2020年3月まで	2022年3月まで	溶接、塗装、鉄工、仕上げ、機械加工等	直接
	自動車整備	7,000人	2020年3月まで		自動車の日常点検整備、定期点検整備、分解整備	直接
	航　空	2,200人	2020年3月まで		空港グランドハンドリング（地上走行支援業務、手荷物、貨物取扱業務等）航空機整備（機体、装備品等の整備業務等）	直接
	宿　泊	22,000人	2019年4月		フロント、企画、広報、接客、レストランサービス等の宿泊サービスの提供	直接
農水省	農　業	36,500人	2019年12月まで		耕種農業全般（栽培管理、農産物の集出荷・選別等）畜産農業全般（飼養管理、畜産物の集出荷・選別等）	直接派遣

4　前掲Q1脚注7（9頁以下）。

漁　業	9,000人	2020年3月まで		漁業（漁具の製作・補修、水産動植物の探索、漁具・漁労機械の操作、水産動植物の採捕等） 養殖業（養殖資材の製作・補修・管理、養殖水産動植物の育成管理等）	直接派遣
飲食料品製造業	34,000人	2019年10月		飲食料品製造業全般（飲食料品（酒類を除く）の製造・加工、安全衛生）	直接
外食業	53,000人	2019年4月		外食業全般（飲食物調理、接客、店舗管理）	直接

合計　　345,150人

いて、2021年度から技能試験が開始され、受け入れる方針とされています[5]。

3　特定技能外国人の受入れの影響

　前述したとおり、1号特定技能外国人は、2019年4月から5年間で、最大34万5150人を新たに受け入れる見込みとされています。この数字は、各分野における人手不足の状況を踏まえたものです。

　2018年6月末時点における在留外国人の総数は、263万7251人であり、特別永住者を除く中長期在留者の数は、231万1061人となっています。そして、日本において就労が認められる在留資格および就労が認められない在留資格のうち、資格外活動許可を受けている在留外国人（**図表1**参照、永住者（75万9139人）および特別永住者（32万6190人）を除きます）の中の上位3つは、留学（32万4245人）、技能実習（1号2号3号合計28万5776人）、技術・人文知識・国際業務（21万2403人）です[6]。これらの在留外国人は、これまで長い年月をかけて徐々に増加してきました。

5　法務省ほか「「建設分野における特定技能の在留資格に係る制度の運用に関する方針」に係る運用要領」（http://www.moj.go.jp/content/001278467.pdf）および「「造船・舶用工業分野における特定技能の在留資格に係る制度の運用に関する方針」に係る運用要領」（http://www.moj.go.jp/content/001278468.pdf）。
6　前掲Q1脚注5。

今回の入管法の改正による、特定技能外国人の受入れは、わずか5年という短い期間で、在留外国人の総数の1割を超え、上位3つの就労が認められる在留資格を有する在留外国人の数を超える外国人労働者を受け入れることを意味します（なお、技能実習の在留資格を有する外国人のうち相当の割合が、特定技能1号の在留資格への変更を行うことが想定されているため、当面の間は、特定技能の在留資格を付与される外国人の人数が、そのまま、在留外国人の純増数を示すわけではありません）。当然のことながら、受け入れる業界、受入れ先企業や外国人の利用する社会的インフラを提供する企業（金融機関を含みます）などへの影響は大きいものと考えられます。

6 受入れ機関が特定技能外国人を受け入れるための準備

受入れ機関が、特定技能外国人を受け入れる際には、どのような準備が必要になるのでしょうか

受入れ機関は、特定技能外国人との間の雇用契約において、報酬額を日本人が従事する場合の報酬の額と同等以上にする等、支援省令に定められた基準に適合させる必要があります。

また、1号特定技能外国人の受入れに際しては、支援省令に定められた基準を満たした支援計画を作成し、支援計画に基づいて、日常生活上、職業生活上または社会生活上の支援を実施する必要があります。

解説

1 特定技能所属機関（受入れ機関）による支援

受入れ機関が、特定技能外国人を雇用する場合には、受入れ機関と特定技能外国人が締結する雇用契約についての満たすべき基準、受入れ機関の適格性に関する基準、また1号特定技能外国人に対する支援計画について、支援省令において定める基準に適合させる必要があります。

2 特定技能外国人と締結する雇用契約が満たすべき基準

受入れ機関と特定技能外国人との間の雇用契約（以下、本設問において「特定技能雇用契約」といいます）は、図表6－1の事項が適切に定められているものとして、支援省令で定める基準に適合させる必要があります（入管法2条の5第1項）。

かかる支援省令で定める基準には、外国人であることを理由として、報酬の決定、教育訓練の実施、福利厚生施設の利用その他の待遇について、差別

図表6－1　特定技能雇用契約において定めるべき事項

特定技能雇用契約に基づいて当該外国人が行う当該活動の内容およびこれに対する報酬その他の雇用関係に関する事項
特定技能雇用契約の期間が満了した外国人の出国を確保するための措置その他当該外国人の適正な在留に資するために必要な事項

図表6－2　特定技能雇用契約が満たすべき基準の主な内容[1]

雇用関係に関する事項に係るもの	① 分野省令で定める技能を要する業務に従事させるものであること。
	② 所定労働時間が、同じ受入れ機関に雇用される通常の労働者の所定労働時間と同等であること。
	③ 報酬額が、日本人が従事する場合の額と同等以上であること。
	④ 外国人であることを理由として、報酬の決定、教育訓練の実施、福利厚生施設の利用その他の待遇について、差別的な取扱いをしていないこと。
	⑤ 一時帰国を希望した場合、休暇を取得させるものとしていること。
	⑥ 労働者派遣の対象とする場合は、派遣先や派遣期間が定められていること。
外国人の適正な在留に資するために必要な事項	⑦ 外国人が帰国旅費を負担できないときは、受入れ機関が負担するとともに契約終了後の出国が円滑になされるよう必要な措置を講ずることとしていること。
	⑧ 受入れ機関が外国人の健康の状況その他の生活の状況を把握するために必要な措置を講ずることとしていること。
その他	⑨ 分野に特有の基準に適合すること※。

※分野所管省庁の定める告示で規定。

1　前掲Q1脚注7（27頁）。

的取扱いをしてはならないことを含むものとされています（入管法2条の5
第2項）。

特定技能雇用契約が満たすべき基準の主な内容は、**図表6−2**のとおりで
す。

3 受入れ機関が満たすべき基準

受入れ機関自身についても、特定技能雇用契約の適正な履行、支援計画の
適正な実施が確保されているものとして、支援省令で定める基準に適合して
いる必要があります（入管法2条の5第3項）。

受入れ機関自身が満たすべき基準の主な内容は、**図表6−3**のとおりです
（支援省令2条1項・2項）。

4 支援計画の内容

受入れ機関は、1号特定技能外国人に対し、当該外国人が安定的かつ円滑
に活動できるようにするための支援を行わなければならず、その支援計画を
作成しなければなりません（入管法2条の5第6項）。この支援計画は、日本
語および1号特定技能外国人が十分に理解することができる言語により作成
し、写しを交付することとされています。

この支援計画における具体的な支援の主な内容は、**図表6−4**のとおりで
す（支援省令3条）。

そして、この支援計画における入国前の事前ガイダンスは、対面またはテ
レビ電話装置等で実施される必要があります（支援省令4条2号）。また、各
種情報提供は、1号特定技能外国人が十分に理解することができる言語によ
り行われる必要があります（同条3号）。

なお、支援計画の実施については、その全部または一部を第三者たる「登
録支援機関」に委託することが可能であり（入管法19条の22第2項）、その場
合には、支援計画の適正な実施については、支援省令に定める基準に適合す
るものとみなされます（同法2条の5第5項）。

図表 6 － 3　受入れ機関が満たすべき基準の主な内容[2]

特定技能雇用契約の適正な履行の確保に係るもの	①　労働、社会保険および租税に関する法令を遵守していること。
	②　1 年以内に特定技能外国人と同種の業務に従事する労働者を非自発的に離職させていないこと。
	③　1 年以内に受入れ機関の責めに帰すべき事由により行方不明者を発生させていないこと。
	④　欠格事由（5 年以内に出入国・労働法令違反がないこと等）に該当しないこと。
	⑤　特定技能外国人の活動内容に係る文書を作成し、雇用契約終了日から 1 年以上備えておくこと。
	⑥　外国人等が保証金の徴収等をされていることを受入れ機関が認識して雇用契約を締結していないこと。
	⑦　受入れ機関が違約金を定める契約等を締結していないこと。
	⑧　支援に要する費用を、直接または間接に外国人に負担させないこと。
	⑨　労働者派遣の場合は、派遣元が当該分野に係る業務を行っている者などで、適当と認められる者であるほか、派遣先が①〜④の基準に適合すること。
	⑩　労災保険関係の成立の届出等の措置を講じていること。
	⑪　雇用契約を継続して履行する体制が適切に整備されていること。
	⑫　報酬を預貯金口座への振込等により支払うこと。
	⑬　分野に特有の基準に適合すること※。
支援計画の適正な実施の確保に係るもの	①　過去 2 年間に中長期在留者の受入れまたは管理を適正に行った実績があり、かつ支援責任者および支援担当者を選任していること等。
	②　外国人が十分理解できる言語で支援を実施することができる体制を有していること。

2　前掲Ｑ 1 脚注 7 （28〜29頁）。

	③　支援状況に係る文書を作成し、雇用契約終了日から1年以上備えておくこと。
	④　支援責任者および支援担当者が、支援計画の中立な実施を行うことができ、かつ、欠格事由に該当しないこと。
	⑤　5年以内に支援計画に基づく支援を怠ったことがないこと。
	⑥　特定技能雇用契約の当事者である外国人およびその監督をする立場にある者と定期的な面談を実施することができる体制を有していること。
	⑦　分野に特有の基準に適合すること※。

※分野所管省庁の定める告示で規定。

図表6-4　支援の主な内容[3]

入国前の事前ガイダンス（業務内容や報酬等の雇用契約の内容に関する情報の提供）を実施すること。
出入国の際の送迎をすること。
賃貸借契約に係る債務の保証等の住居確保に係る支援や、預貯金口座開設、携帯電話利用契約等の生活に必要な契約に係る支援を行うこと。
入国後、日本における生活一般、国または地方公共団体に対する届出、当該外国人が理解できる言語により医療を受けることができる医療機関、防災または防犯、入管法違反を知ったときの対応方法等に関する情報の提供を実施すること。
外国人が届出等の手続を履行するにあたり、同行等をすること。
日本語を学習する機会を提供すること。
相談・苦情対応、助言、指導等を講じること。
外国人と日本人との交流の促進に係る支援をすること。
外国人の責めに帰すべき事由によらないで雇用契約を解除される場合において、新しい就職先で活動を行うことができるようにするための支援をすること。
支援責任者または支援担当者が外国人およびその監督をする立場にある者と定期的な面談を実施し、労働関係法令違反等の問題の発生を知ったときは、その旨を関係行政機関に通報すること。

3　前掲Q1脚注7（30頁）。

7 在留外国人の雇用に際する一般的留意点

Q 在留外国人を雇用する際には、どのようなことに留意すればよいでしょうか

A 在留外国人を雇用する際には、当該外国人から、在留カードの提示を受け、就労が認められるかどうかを確認してください。また、雇い入れた際や外国人が離職する際には、その氏名、在留資格などについて確認し、ハローワークへ届け出る必要があります。

そのほか、雇用する在留外国人がその有する能力を有効に発揮できるよう、職場に適応することを容易にするための措置の実施その他の雇用管理改善を図る必要があります。

解説

1 就労可能な外国人であることの確認

(1) 就労可能な在留資格の正確な理解

日本にいる在留外国人の活動内容は、入管法の定める在留資格により規制され、当該在留資格を有していることにより、収入を伴う事業を運営する活動または報酬を受ける活動（同法19条1項）を行うことができる就労可能資格と資格外活動許可（同条2項）を得ない限り就労活動を行うことができない就労不能資格に分けることができます。

また、**図表7-1**のとおり、就労可能資格であっても、就労可能な業務範囲が限定されている在留資格と限定されていない在留資格に分類されます。

(2) 違法就労活動に対する罰則

外国人が在留資格のないまま就労したり、就労不能資格の外国人が資格外活動許可のないまま就労したりすることは、違法就労活動に当たり入管法で

第1章　外国人との共生社会の到来（改正入管法解説）　29

図表7-1　就労可能在留資格と就労不能在留資格の分類[1]

在留資格等				
就労可能資格			就労不能資格	
業務限定就労可能資格		無制限就労可能資格	上陸許可基準あり	上陸許可基準なし
上陸許可基準あり	上陸許可基準なし			
「高度専門職（1号）」「経営・管理」「法律・会計業務」「医療」「研究」「教育」「技術・人文知識・国際業務」「企業内転勤」「介護」「興行」「技能」「技能実習」	「外交」「公用」「教授」「芸術」「宗教」「報道」「特定活動」の一部	「永住者」「日本人の配偶者等」「永住者の配偶者等」「定住者」「特別永住者」	「留学」「研修」「家族滞在」	「文化活動」「短期滞在」「特定活動」の一部

禁止されています。そして、違法就労活動をした外国人だけでなく、違法就労活動をさせた事業主も処罰の対象になりえます。

　具体的には、業務限定就労可能資格の在留資格を有する在留外国人が、制限された範囲を超えて就労した場合（例えば、外国料理のコックや語学学校の先生として働くことを認められた在留外国人が工場・事業所で単純労働者として働く場合）、就労不能資格の在留資格を有する外国人が資格外活動許可を受けずに就労した場合（例えば、観光等短期滞在目的で入国した在留外国人が働いたり、留学生が許可を受けずに働いたりする場合）や資格外活動許可の範囲外で就労をした場合（例えば、留学生が許可された時間数を超えて働く場合）には、その就労を行った外国人に資格外活動罪が成立するだけでなく（入管法70条1項4号、73条。1年以下の懲役もしくは200万円以下の罰金、またはこれを併科）、雇用等した企業など、その者に不法就労をさせた者にも不法就労助長罪が成立することになります（同法73条の2。3年以下の懲役もしくは300万円以下の罰金、またはこれを併科）[2]。

　これは、在留資格を有しない外国人を雇用等した場合も同様です。

1　山脇康嗣『［新版］詳説 入管法の実務―入管法令・内部審査基準・実務運用・裁判例―』22頁（新日本法規、2017年）。

(3) 在留カードの確認の必要性

　そのため、企業が在留外国人を雇用する場合、在留カードを確認し、在留資格、就労制限の有無と在留期間を確認する必要があります。もし雇用した在留外国人がその仕事に就くことが可能な在留資格を有していない場合には、直ちに雇用することはできず、在留資格の変更が可能かを検討する必要があります。

　また、その在留外国人が不法就労者であることを知らなかったとしても、在留カードを確認していないなどの過失がある場合には、不法就労助長罪による処罰を免れることはできないので注意が必要です。

　在留カードの見方は**図表７－２**のとおりです。

図表７－２　在留カードの見方[3]

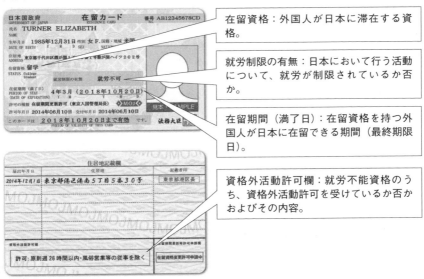

2　厚生労働省「外国人を雇用する事業主の皆様へ　不法就労防止にご協力ください。」（https://www.pref.ibaraki.jp/bugai/kokusai/tabunka/jpn/news/documents/reaflet.pdf）。

3　入国管理局「在留カードとは？」（http://www.immi-moj.go.jp/tetuduki/zairyukanri/whatzairyu.html）。

第１章　外国人との共生社会の到来（改正入管法解説）　31

2 ハローワークへの届出

　在留外国人（「特別永住者」「外交」および「公用」の在留資格を有する者は除きます）を雇用する事業主には、当該在留外国人の氏名、在留資格、在留期間等、外国人雇用状況のハローワークへの届出が義務付けられています（労働施策の総合的な推進並びに労働者の雇用の安定及び職業生活の充実等に関する法律28条1項、7条、労働施策の総合的な推進並びに労働者の雇用の安定及び職業生活の充実等に関する法律施行規則1条の2）。この外国人雇用状況の届出は、外国人の雇入れの場合だけでなく、離職の際にも必要になることにも注意が必要です。

　外国人雇用状況の届出に際して、事業主は、当該在留外国人の在留カードや旅券（パスポート）、また「留学」や「家族滞在」などの就労不能資格の在留資格を有する外国人が資格外活動許可を受けて就労する場合には、資格外活動許可書などの提示を求め、届出事項を確認する必要があります。

　在留外国人を雇い入れる事業主が、この届出を怠ったり、虚偽の届出を行ったりした場合には、30万円以下の罰金の対象となります（労働施策の総合的な推進並びに労働者の雇用の安定及び職業生活の充実等に関する法律40条1項2号、2項）。

3 外国人労働者の雇用管理の改善

　事業主には、その雇用する在留外国人がその有する能力を有効に発揮できるよう、職業に適応することを容易にするための措置の実施その他の雇用管理の改善についての努力義務が課せられています（労働施策の総合的な推進並びに労働者の雇用の安定及び職業生活の充実等に関する法律7条）。

　そして、外国人労働者の雇用管理の改善等に関して事業主が適切に対処するための指針により、外国人労働者が日本で安心して働き、その能力を十分に発揮する環境が確保されるよう、外国人労働者について、労働関係法令および社会保険関係法令は国籍にかかわらず適用されることから、事業主はこ

れらを遵守すること、また外国人労働者が適切な労働条件および安全衛生の
もと、在留資格の範囲内で能力を発揮しつつ就労できるよう、同指針で定め
る事項について適切な措置を講ずることが求められています[4]。

　外国人労働者の雇用管理の改善等に関して事業主が努めるべきこととされ
ている事項の主な内容は**図表7－3**のとおりです[5]。

図表7－3　外国人労働者の雇用管理の改善等に関して事業主が適切に対処する
ための指針の主な内容

募集・採用時	・在留資格の範囲内で、外国人労働者がその有する能力を有効に発揮できるよう、公平な採用選考に努めること。
法令の適用	・労働基準法や健康保険法などの労働関係法令および社会保険関係法令は、国籍を問わず外国人にも適用されること。 ・労働条件面での国籍による差別も禁止されていること。
適切な人事管理	・労働契約の締結に際し、賃金、労働時間等主要な労働条件について書面等で明示し、その際、母国語等により外国人が理解できる方法で明示するよう努めること。 ・賃金の支払、労働時間管理、安全衛生の確保等については、労働基準法、最低賃金法、労働安全衛生法等に従って適切に対応すること。 ・人事管理にあたっては、職場で求められる資質、能力等の社員像の明確化、評価・賃金決定、配置等の運用の透明性・公正性を確保し、環境の整備に努めること。
解雇等の予防および再就職援助	・労働契約法に基づき解雇や雇止めが認められない場合があることから、安易な解雇等を行わないようにするほか、やむをえず解雇等を行う場合には、再就職希望者に対して在留資格に応じた再就職が可能となるよう必要な援助を行うよう努めること。 ・なお、業務上の負傷や疾病の療養期間中の解雇や、妊娠や出産等を理由とした解雇は禁止されていること。

4　厚生労働省「外国人労働者の雇用管理の改善等に関して事業主が適切に対処するための指針」（https://www.mhlw.go.jp/bunya/koyou/gaikokujin-koyou/01.html）。
5　厚生労働省「（外国人を雇用する事業主の方へ）外国人雇用はルールを守って適正に（平成31年4月版）」8頁（https://www.mhlw.go.jp/content/000515319.pdf）。

第1章　外国人との共生社会の到来（改正入管法解説）　33

8　在留外国人の採用を検討している顧客に対する金融機関の支援

Q 在留外国人の採用を検討している顧客に対して、金融機関としてどのような支援をすることが考えられるのでしょうか

A 　外国人材の活用に関するコンサルティング会社や紹介サービスを行う会社などと提携し、顧客からの相談に乗ることができるような体制を整えておくことや、在留外国人の採用に関するセミナー等を開催し、情報の発信を行うこと等が考えられます。

　もっとも、在留外国人の受入れに際して適用を受ける法制度はとても複雑であり、誤った対応をしてしまったときには罰則の適用を受けることもありえますので、顧客から相談を受けた際の回答には慎重な対応が必要です。

解説

1　金融機関として考えられる顧客に対する支援

　顧客である中小企業の人手不足、それに伴う経営の悪化等は金融機関にとっても望ましいものではありません。在留外国人の採用を検討している顧客に対する金融機関による支援としては、以下に述べるようなものが考えられ、実際に取り組んでいる金融機関も存在しています。なお、以下に述べる金融機関の支援は、「その他の付随する業務」として整理されるものと考えられます（銀行法10条2項）。

(1)　**採用支援**

　今回の入管法の改正により創設された特定技能の在留資格を有する外国人の受入れ予定人数は、各特定産業分野における人材の不足数の調査をもとに定められています（Q5参照）。そのため、今後その人材の不足を解消する

ために、1号特定技能外国人を受け入れる企業が増えることが予想されるところです。そして、金融機関が、人材の不足に悩む中小企業から在留外国人採用についての相談を受けることもありうるでしょう。

そこで、金融機関としては、例えば、外国人材の採用に関するコンサルティング会社等を紹介し、外国人材の採用を検討する顧客の相談に応じることが考えられます。

実際に、千葉興業銀行は、提携先である外国人材活用コンサルティングを手掛けるフォーバル（東京都渋谷区）と連携し、同行の顧客に対し、外国人材採用についてサポートしています[1]。また、群馬銀行も、ベトナム人エンジニアの紹介サービスを手掛けるシバタエンジニアリング（群馬県甘楽町）と提携し、外国人材の採用を検討している企業を同社に紹介しています[2]。

(2) セミナー・説明会等の開催

在留外国人の採用に関するセミナーを開催するなどして、情報の発信を行うことも、潜在的に在留外国人採用の可能性のある企業や、現に採用を検討している顧客に対する金融機関の支援の方法として考えられるところです。

実際に、特定技能の在留資格に関する最新情報を提供するセミナーの開催が相次いでいます。例えば、静岡銀行は、2019年2月5日に、医療機関・介護施設経営者を対象に、「技能実習制度」と新在留資格「特定技能」を活用した介護人材雇用安定化セミナーと題するセミナーを開催しました[3]。また、千葉興業銀行も、同年3月20日に取引先60社を集めて、「改正出入国管理法施行に伴う社会変化とビジネスチャンス・リスク〜外国人材受入の徹底議論〜」と題するセミナーを開催し、専門家が人材活用のポイントなどを解説しました[4]。

1　フォーバル「フォーバルが千葉興業銀行との協業を拡充！〜外国人材の採用支援を開始〜」（2017年5月11日）（http://www.news2u.net/releases/153785?ref=rss）。
2　群馬銀行「株式会社シバタエンジニアリングとの業務提携について」（2019年2月28日）（https://www.gunmabank.co.jp/info/news/20190228a.html）。
3　静岡銀行「「介護人材雇用安定化セミナー」を開催」（2019年1月16日）（https://www.shizuokabank.co.jp/pdf.php?id=3418）。

第1章　外国人との共生社会の到来（改正入管法解説）　35

福井銀行は、外国人留学生にとって在留外国人の採用を希望する企業の情報を得る機会は少なく、また外国人留学生の採用ニーズがある企業にとっても外国人留学生との接点が少ない状況を踏まえ、外国人留学生を対象とした、外国人留学生の採用を検討する企業（外国人高度人材）の合同会社説明会を開催することで、外国人留学生の採用をサポートしています[5]。

(3) 金融機関の積極的な支援の効能

　在留外国人を採用する中小企業は、外国人労働者が日本で安心して働き、その能力を十分に発揮できる環境が確保されるよう、適切な措置を講じなければならず、多言語化対応をはじめとした社内体制の整備等、負担は非常に大きいものであるといえます。

　そのような中で、在留外国人の採用を検討している顧客への金融機関による積極的な支援は、総合的対応策の趣旨にも合致し、当該顧客に安心感を与える非常に良い取組みであると考えられます。

2　外国人採用を検討している顧客からの相談への対応

　もっとも、日本に滞在する在留外国人は、入管法の適用を受け、在留資格を取得する必要があり、その活動内容は、その在留資格により規制されています（Ｑ１およびＱ７参照）。

　金融機関が在留外国人の採用を検討している顧客から、在留外国人の雇用に関する相談を直接受けることがあるかもしれませんが、在留外国人を受け入れる際に適用を受ける法制度は、日本における在留外国人の法的地位および手続等を規定した入管法、技能実習について定めた外国人の技能実習の適正な実施及び技能実習生の保護に関する法律、特別永住者について定めた入管特例法等の各法により規律されており、非常に複雑となっています。

4　千葉興業銀行「『新在留資格「特定技能」セミナー』を開催いたします！〜外国人材の活用に向けて〜」（2019年２月21日）（https://www.chibakogyo-bank.co.jp/other/topics/detail.html?id=19212）。

5　福井銀行「「外国人留学生と県内企業の合同企業説明会」の開催について」（2019年３月１日）（https://www.fukuibank.co.jp/press/2019/foreignstudent_company.pdf）。

そして、違法就労活動をさせた事業主も処罰の対象となりうる不法就労助長罪は、「事業活動に関し、外国人に不法就労活動をさせた者」（入管法73条の2第1項1号）、「外国人に不法就労活動をさせるためにこれを自己の支配下に置いた者」（同項2号）等と定められ、この構成要件の範囲は裁判例上広く解されています（Q7参照）[6][7]。そのため、取引先企業が、在留外国人を直接雇用する場合だけでなく、派遣形態で受け入れる場合や業務委託をする場合にも適用される可能性があります。実際に、不法就労をした外国人の直接の雇用主ではない従業員や派遣先企業も摘発の対象とされており、近時は、書類送検だけでなく逮捕される事例も増加しています[8]。

　以上を踏まえ、顧客からの相談に対しては、入管法等の法制度、在留資格制度やそれに伴う就労の可否に関する正確な理解が必要であり、ひとたび誤った対応を取れば、重大な結果を生じることにもなりかねません。したがって、金融機関としては、顧客からの相談に対して、不確かな情報に基づく回答を行うといった安易な対応をすることは控えるべきです。必要に応じ、出入国在留管理庁のインフォメーションセンターへ問合せをすることや、在留外国人の受入れに伴う法制度全体を正確に理解している弁護士への相談を促すことにより、顧客である企業が確実な情報を得られるような対応をする必要があるでしょう。

6　東京高判平5.9.22（判時1507号170頁）。
7　前掲Q7脚注1（621頁）。
8　山脇康嗣「改正入管法の概要と外国人雇用等に関する取引先へのアドバイスのポイント」銀法841号27頁。

第1章　外国人との共生社会の到来（改正入管法解説）　37

9 入管法の改正に際する政府の方針

Q 入管法の改正に際して、日本政府はどのような方針を有しているのでしょうか

A 日本政府全体で共生社会の実現を目指し、「外国人材の受入れ・共生のための総合的対応策」や出入国在留管理基本計画において、具体的な施策等が定められています。

また、悪質な仲介事業者（ブローカー）等の介在を防止するため、送出国との間で政府間協定を締結し、送出国政府との協力関係の構築に取り組んでいます。

解説

1 「外国人材の受入れ・共生のための新たな総合的対応策」

(1) 総合的対応策の基本的な考え方

日本政府は、これまで、2006年12月25日に取りまとめた「「生活者としての外国人」に関する総合的対応策」[1]に基づいて在留外国人が暮らしやすい地域社会作り等に努めてきました。

そして、改正入管法に基づく新制度の創設に向け、外国人材の受入れ・共生に関する関係閣僚会議は、外国人材の受入れ環境の整備等について、日本政府一体としての総合的な検討を進めてきたところ、今回の入管法の改正に伴い、新たな在留資格である「特定技能1号」および「特定技能2号」の創設を踏まえつつ、外国人材の受入れ・共生のための取組みを、政府一丸となって、より強力に、かつ、包括的に推進していく観点から、2018年12月25

---

1 外国人労働者問題関係省庁連絡会議「「生活者としての外国人」に関する総合的対応策」（2006年12月25日）（https://www.cas.go.jp/jp/seisaku/gaikokujin/honbun2.pdf）。

日に総合的対応策を取りまとめ、これを公表しました[2]。

当該総合的対応策においては、「政府としては、条約難民や第三国定住難民を含め、在留資格を有する全ての外国人を孤立させることなく、社会を構成する一員として受け入れていくという視点に立ち、外国人が日本人と同様に公共サービスを享受し安心して生活することができる環境を全力で整備していく」（同1頁）、「今後、在留外国人の増加が見込まれる中で、政府として、法務省の総合調整機能の下、外国人との共生社会の実現に必要な施策をスピード感を持って着実に進めていく」（同頁）といった方向性が宣言されています。また、国民の果たすべき役割の重要性についても、「その環境整備に当たっては、受け入れる側の日本人が、共生社会の実現について理解し協力するよう努めていく…ことが重要であることも銘記されなければならない」（同頁）との言及がなされています。

さらに、今後の施策に関しては、「外国人との共生をめぐる状況は絶えず変化し続けていくものであることから、国民および外国人の声を聴くなどしつつ、定期的に総合的対応策のフォローアップを行い、必要な施策を随時加えて充実させながら、政府全体で共生社会の実現を目指していく」（総合的対応策1頁）としています。

(2) 金融機関に求められる具体的施策

総合的対応策は、金融サービスを、医療・保健・福祉サービス、災害発生時の情報発信・支援等、安全対策、事件・事故、消費者トラブル、法律トラブル、人権問題、生活困窮相談等への対応、住宅確保のための環境整備・支援等の事項と並んで、外国人の生活サービス環境の改善等が必要な分野であると位置付けています。

具体的には、「外国人が我が国で生活していくに当たっては、家賃や公共料金の支払、賃金の受領等の様々な場面において、金融機関の口座を利用することが必要となることから、外国人が円滑に銀行口座を開設できるように

2　首相官邸「外国人材の受入れ・共生のための総合的対応策」（2018年12月25日）（https://www.kantei.go.jp/jp/singi/gaikokujinzai/kaigi/dai3/siryou3-2.pdf）。

第1章　外国人との共生社会の到来（改正入管法解説）　39

するための取組を進めていく必要がある」（総合的対応策11頁）とする現状認識を示した上で、これに対する具体的施策として「全ての金融機関において、新たな在留資格を有する者及び技能実習生が円滑に口座を開設できるよう、要請する。また、多言語対応の充実や、口座開設に当たっての在留カードによる本人確認等の手続の明確化など、銀行取引における外国人の利便性向上に向けた取組を行う」（同11、12頁）、「こうした取組について、金融機関において、パンフレットの配布等を通じてその内容を積極的に周知するとともに、ガイドラインや規定の整備に取り組む」（同頁）として、金融機関を主体とする具体的施策を掲げています。

また、受入れ企業に対しても、「受入れ企業は新たな在留資格を有する者及び技能実習生が金融機関において円滑に口座を開設できるように必要なサポートを行う」（総合的対応策12頁）ことを求めています[3]。

2　出入国在留管理基本計画

入管法の改正に伴い、新たに出入国在留管理基本計画[4]が策定され、2019年4月26日に公表されました[5]。

同基本計画では、在留資格「特定技能」の受入れ制度の適切・円滑な運用のため、関係行政機関と連携して在留状況や人手不足地域の状況等の正確・継続的な把握、届出等情報の収集・分析、入国審査官等による調査・指導等の実施、悪質なブローカー等排除のための二国間取決め等による送出国政府との協力、外国人材を見守る仕組みの定着、社会保険・納税義務の履行の促進などを行うことや、総合的対応策の推進のため、関係施策の着実な実施、実施状況の的確な把握とフォローアップ、受入れ環境調整の担当官を窓口と

---

[3]　前掲脚注2（11頁）。

[4]　出入国在留管理基本計画は、出入国および在留の公正な管理を図るため、入管法61条の10の規定に基づき、法務大臣が外国人の出入国および在留の管理に関する施策の基本となるべき計画を定めるものです。

[5]　法務省「出入国在留管理基本計画」（2019年4月）（http://www.moj.go.jp/content/001292994.pdf）。

した地方公共団体等との連携、国民・外国人の声等の把握および関係行政機関との共有、積極的な情報発信を行うことなどが定められています。

3　政府間協定

有能な外国人材が安心して日本で生活・就労することができるようにするためには、来日しようとする外国人から保証金や違約金を徴収する等の悪質な仲介事業者（ブローカー）などの介在を防止するための措置を構ずることが必要になります[6]。

そこで、日本政府は、総合的対応策において、具体的施策として、「新たな在留資格について、平成31年から外国人材の送出しが想定される日本語試験を実施する9か国（ベトナム、フィリピン、カンボジア、中国、インドネシア、タイ、ミャンマー、ネパール、モンゴル）との間で、同年3月までに、悪質な仲介事業者の排除を目的とし、情報共有の枠組みの構築を内容とする二国間取決めのための政府間文書の作成を目指すとともに、同年4月以降の制度の運用状況等を踏まえ、必要に応じ、政府間文書の内容の見直しを行うほか、上記国以外の国であって送出しが想定されるものとの間で、同様の政府間文書の作成に向けた交渉を進める」（同24頁）ことを掲げています。

現在、フィリピン、カンボジア、ネパール、ミャンマーに続き、2019年4月17日に5カ国目のモンゴルとの間で政府間協定を締結しており[7]、総合的対応策において目指した期間までには上記9カ国すべてとの間で政府間協定は締結できていませんが、順次、締結に向けて進んでいるところです。

6　前掲脚注2（24頁）。

7　2019年4月17日付日本経済新聞「モンゴルと2国間協定「特定技能」で5カ国目」（https://www.nikkei.com/article/DGXMZO43852400X10C19A4PP8000/）。

第1章　外国人との共生社会の到来（改正入管法解説）　41

コラム ❶ 在留資格の変更、在留期間の更新の手続

1 在留資格の変更、在留期間の更新の手続

　在留外国人が、在留資格の変更および在留期間の更新をする場合の手続は、法務大臣に対して所定の申請書により申請し（入管法20条2項本文、21条2項、入管規則20条1項、21条1項）[1,2]、法務大臣が適当と認めるに足りる相当の理由があるときに限り許可することとされています（入管法20条3項本文、21条3項）。

　そして、この相当の理由があるか否かの判断は、専ら法務大臣の自由な裁量にゆだねられ、申請者の行おうとする活動、在留の状況、在留の必要性等を総合的に勘案して行われています。この判断にあたっての考慮事項は**図表コラム1**のとおりです[3]。

図表コラム1　在留資格の変更および在留期間の更新判断の際の考慮事項

	考慮事項	備　考
1	行おうとする活動が申請に係る入管法別表に掲げる在留資格に該当すること。	許可する際に必要な要件。
2	法務省令で定める上陸許可基準等に適合していること。	原則として適合していることが必要。
3	素行が不良でないこと。 ※退去強制事由に準ずるような刑事処分を受けた行為、不法就労を斡旋するなど出入国管理行政上看過することのできない行為を行った場合は、素行が不良であると判断されることとなる。	適当と認める相当の理由があるか否かの判断にあたっての代表的な考慮要素。 ※これらの事項にすべて該当する場合で
4	独立の生計を営むに足りる資産または技能を有すること。 ※仮に、公共の負担となっている場合であっても、在	

1　法務省「在留資格変更許可申請」（http://www.moj.go.jp/ONLINE/IMMIGRATION/16-2.html）。
2　法務省「在留期間更新許可申請」（http://www.moj.go.jp/ONLINE/IMMIGRATION/16-3.html）。
3　法務省入国管理局「在留資格の変更、在留期間の更新許可のガイドライン（改正）」（平成28年3月改正）（http://www.moj.go.jp/content/000099596.pdf）。

		あっても、す べ て の 事 情 を 総合的に考慮 した結果、変 更または更新 を許可しない こともある。
5	雇用・労働条件が適正であること。	
6	納税義務を履行していること。 ※納税義務の不履行により刑を受けている場合は、納税義務を履行していないと判断されるが、高額の未納や長期間の未納などが判明した場合にも、悪質なものについては同様に扱われる。	
7	入管法に定める届出等の義務を履行していること。 ※在留カードの記載事項に係る届出、在留カードの有効期間更新申請、紛失等による在留カードの再交付申請、所属機関等に関する届出などの義務を履行していることが必要。	

2 申請期間および標準処理期間

　在留資格変更許可申請の申請期間は、在留資格の変更の事由が生じた時から在留期間満了日以前とされ[4]、在留期間更新許可申請の申請期間は、在留期間の満了する日以前（6カ月以上の在留期間を有する者にあっては在留期間の満了するおおむね3カ月前から。ただし、入院、長期の出張等特別な事情が認められる場合は、3カ月以上前から申請を受け付けることもあります）とされています[5]。

　そして、これらの手続の標準処理期間は、2週間から1カ月間です。

4　前掲脚注1。
5　前掲脚注2。

第 2 章

外国人との共生社会へ向けた金融機関の課題

10 外国人との共生社会における 金融機関の役割

Q 改正入管法の施行により、日本において生活する在留外国人が増加することが想定されています。多くの在留外国人が日本において生活していく上で、金融機関に対しては、どのような役割を果たすことが期待されているのでしょうか

A 在留外国人が、日本国民と同様に就労し生活するためには、日本の金融機関に預貯金口座を保有し、金融機関から預貯金取引に係るサービスの提供を受けられることがきわめて重要です。金融機関に対しては、在留外国人が従来以上に積極的に、金融サービスを円滑に利用することができるよう、例えば、窓口業務において多言語対応を講じるといった対応が求められます。一方で、金融機関としては、在留外国人による預貯金口座の開設が増加することを想定した上で、犯収法等に基づく顧客管理や、口座の不正利用を防止する責任を適切に果たすことができる態勢を整備することが必要となります。

解説

1 在留外国人との取引機会の増加

改正入管法のもとでは、新設された在留資格に基づき就労を目的として日本に在留する外国人が増加し、これに伴い就労者の家族等も帯同し日本で生活する場合も増加することが想定されています（**Q3**参照）。これらの在留外国人は、日本国民と同様に、国内の企業において就労し日常生活を送ることになるため、基本的には、金融機関の提供するサービスを受けることが必要となる場面も日本国民の場合と同様です。例えば、現在の日本において、

企業から従業員に対する給与の支払は、日本の金融機関に開設された預貯金口座への振込送金によることがほとんどだと思われます。また、在留外国人が、日本で生活するために必然的に生じる賃料、水道・光熱費、電話・インターネット等の通信料金、子供の学費等の支払を行うためには、預貯金口座を利用して決済することが圧倒的に便利であるといえます。

　現在でも少なくない数の在留外国人が日本で生活しており、在留外国人にとって金融サービスを受けるニーズが存在していることはもちろんですが、改正入管法のもとで在留外国人の数が増加するに伴い、金融機関が現実に在留外国人を顧客としてサービスを提供することが求められる場面は必然的に増加すると思われます。また、改正入管法のもとでは、在留外国人が幅広い業種において人材として登用されることが企図されており、産業を担う人材としての在留外国人が、より一層重要な存在となっていくことが予想されます。

　この点、従来は、在留外国人との取引を、あくまでも例外的な場面と位置付けてきた金融機関も少なくないと思われ、一定数の在留外国人顧客を抱える金融機関であっても、在留外国人の顧客の利便性向上に積極的に応えることを強く意識してきた例は必ずしも多くないように見受けられます。

　しかしながら、2018年12月25日に閣議決定された「特定技能の在留資格に係る制度の運用に関する基本方針について」[1]において、日本政府が、各産業分野について特定技能外国人が大都市圏その他の特定の地域に過度に集中して就労することにならないようにするために必要な措置を講じるとされていることにも照らせば、従前は在留外国人との取引機会が少なかった地域金融機関を含め、在留外国人との取引に備えることが必須の環境にあると認識すべきです。

1　前掲Q2脚注1。

第2章　外国人との共生社会へ向けた金融機関の課題　47

2 金融機関の在留外国人に対するサービス提供に関する社会的な要請

(1) 総合的対応策における金融サービスの位置付け

　日本政府や監督官庁からの行政指導等という視点からみた場合、総合的対応策[2]において、在留外国人に対する金融サービスの利便性の向上が、1つの課題として位置付けられていることが注目されます。

　総合的対応策は「外国人が我が国で生活していくに当たっては、家賃や公共料金の支払、賃金の受領等の様々な場面において、金融機関の口座を利用することが必要となることから、外国人が円滑に銀行口座を開設できるようにするための取組を進めていく必要がある」(同11頁)とする現状認識を示した上で、これに対する具体的施策として「全ての金融機関において、新たな在留資格を有する者及び技能実習生が円滑に口座を開設できるよう、要請する。また、多言語対応の充実や、口座開設に当たっての在留カードによる本人確認等の手続の明確化など、銀行取引における外国人の利便性向上に向けた取組を行う」(同11、12頁)と言及しています。在留外国人にとって、勤務先の企業から給与を受け取ったり、公共料金を支払ったりする場面において、預貯金口座を利用することは不可欠ともいえる手段であるところ、総合的対応策による上記指摘の背景には、現状としては、日本の金融機関の在留外国人に対するサービス提供に対する取組みが必ずしも十分ではないという認識があるものと思われます。今後においては、金融機関が、単に在留外国人の預貯金口座開設に応じるということにとどまらず、より積極的に、外国人が円滑に預貯金口座を開設できるよう、窓口における多言語対応を整備したり、在留外国人の保有する本人確認書類(基本的には在留カードが想定されます)を念頭に置いた手続ルールを明確化したりすることなどを要請するメッセージとして受け止めるべきです。

2　前掲Q9脚注2。

現に、金融庁から全国銀行協会に対し、2019年1月に、在留外国人にとっての利便性に応じた口座開設や多言語対応等を要請したとの報道もあり、かかる取組みは既に開始されています。具体例を1つ挙げれば、在留外国人については、来日当初は、連絡先電話番号を保有していないことも想定されるので、このような場合においては、口座開設にあたり、代替する連絡先として勤務先の電話番号の届出を受けることで口座開設に応じることも考慮すべきです。

(2) 社会的な要請の変化

　今後は、在留外国人が、日本社会の重要な構成員であるという意識が、より一般に浸透することが予想され、公共的役割を担う金融機関に対しては、在留外国人の生活に支障を来さないよう、金融サービス利用の利便性を向上させるべきであるという要請が社会から向けられることになるでしょう。

　また、日本の企業が多くの在留外国人の従業員を雇用することになれば、日本企業にとっても、被用者たる在留外国人に対する給与の振込をする上でも、在留外国人に支障のない生活を送らせる上でも、金融機関の在留外国人に対するサービスを充実させてほしいというニーズが生じることになります。

　この点、1号特定技能外国人を受け入れる勤務先等に対しては、雇用する特定技能外国人に対する給与を預貯金口座への振込等により支払うことが義務付けられています（**Q6・図表6－3**参照）。また、金融庁は、在留外国人の勤務先等に向けたパンフレットとして、「外国人の預貯金口座・送金利用について」[3]を公表しているところ、当該パンフレットにおいては、勤務先の企業等に対し、在留外国人による預貯金口座開設を支援し、給与振込口座を設定するよう要請することと併せて、「金融庁からは、金融機関に対して、外国人が円滑に預貯金口座開設できるよう要請しております。外国人受入れに関わる皆様におかれても、お困りの点があればお気軽に金融機関にご

3　https://www.fsa.go.jp/news/30/20190411/01.pdf

相談ください」とする発信がなされています。

　以上を踏まえれば、金融機関にとって、重要な顧客である企業のニーズに応えるという文脈においても、在留外国人に対するサービス向上に積極的に取り組むことが要請される環境が生じると考えられます。

3　マネー・ローンダリングの防止や口座不正利用の防止等の要請

　一方で、金融機関は、マネー・ローンダリングの防止のための顧客管理や預貯金口座の不正利用防止のための預貯金口座管理を行う必要があるため、在留外国人による預貯金口座開設が増加することを想定しつつ、実効的な取組みを講じていくことも要請されるため、在留外国人に対するサービスの向上・拡大と、在留外国人の保有する預貯金口座に固有のリスクを踏まえた管理とを両立させることが求められます。

11 AMLの重要性と在留外国人との取引のリスク評価

Q 日本の金融機関において、マネー・ローンダリングの要請に基づく態勢整備が強く求められているのはなぜでしょうか。また、当行では、日本に在留し企業で就労する様々な国籍の人から給与受取用の口座開設に応じる機会がありますが、在留外国人名義の預金口座については、犯罪や資金洗浄等に利用されるリスクが高いと考えるべきでしょうか

A 日本は、過去にFATFの相互審査において厳しい評価を受け、第4次対日相互審査への対応のためAML等の取組みが国全体の重要課題とされてきた経緯があり、金融機関に対してもAMLの態勢整備が求められてきました。単純に、顧客が在留外国人であることや、その国籍にのみ依拠して、マネー・ローンダリングやテロ資金供与に利用されるリスクを特定・評価することはできませんが、犯罪収益危険度調査書等において指摘されている外国人名義の預貯金口座の不正利用等の実態を念頭に置いた上で、リスクを特定・評価し、犯収法に基づき作成するリスク評価書にも反映することを検討する必要があります。

解説

1 金融機関におけるAML／CFTの要請

(1) 金融機関における顧客管理の必要性

組織犯罪の国際化や、テロ行為の頻発といった国際的情勢を背景として、金融システムが悪用されることを防ぐことを通じ、マネー・ローンダリングの防止（Anti-Money Laundering；AML）やテロ資金の供与の防止（Counter-

第2章 外国人との共生社会へ向けた金融機関の課題 51

Financing of Terrorism；CFT）を実現しようとする国際的な機運が高まって
おり、日本においても、かかる要請に基づき、犯収法や外為法等の関係法令
が整備されているところです。

　ただし、日本が、AML／CFTの要請に応え、国際社会の一員としての責
任を全うするためには、これらの立法がなされたことだけでは十分とはいえ
ません。グローバルな金融システムは、世界中に所在する個々の金融機関の
担う機能の集積により形成されるため、ひとたび日本の金融機関の業務が不
正利用されることがあれば、ひいては、金融システム全体の健全性を損なう
ことにつながる問題にもなりかねないからです。金融機関には、自身の業務
の重要性や公共性を自覚して、AML／CFTのための実効的な管理態勢を自
律的に構築することが求められています。

(2)　FATFと日本の取組みに対する評価

　AML／CFTに関する国際的な政府間会合であるFATF（Financial Action
Task force：金融活動作業部会）は、AML／CFTに関する国際基準としての
FATF勧告を策定し随時見直しを行っており、参加国等に対しては、他の参
加国による審査団を派遣し勧告の遵守状況を審査しています（この仕組みは
「相互審査」と呼ばれています）。

　日本は、2008年に行われた第3次対日相互審査の結果、審査対象項目の49
項目のうち25項目が「一部履行」または「不履行」であるとする厳しい評価
を受けました。さらに、日本は、かかる結果に対応し、2011年に犯収法を改
正したものの、2014年6月に、FATFから、当該改正後もなお、顧客の実質
的支配者の確認方法等に関する立法措置が不十分であるとする声明を受け、
同年11月、追加の法改正を行ったという経緯もあり、日本のAML／CFTに
関する取組状況には国際的に厳しい目が向けられています。このことは、日
本政府の対外的な面目の問題にとどまるものではなく、FATFの審査によ
り、AML／CFT対策の不十分な国であるとの評価を受けた国の金融機関に
対しては、海外の銀行から外国為替取引の前提となるコルレス契約（銀行相
互間の外国為替取引契約）を解消されることなども現実に想定されるため、

万が一、日本がそのような状況に陥れば、金融機関の業務や日本国民の経済活動の利便性が大きく損なわれ、日本の国際競争力に打撃を与えることにつながりかねない深刻な問題といえます。

2019年に入ってから、FATFの第4次対日相互審査が開始されており、同年秋に、審査団による金融機関等へのインタビューを含むオンサイト審査の実施が予定されていることなどを背景として、日本の金融機関は、近年、AML／CFTに関する対応をコンプライアンス上の最重要課題と位置付け、多大なコストと労力を投じて態勢整備を推進してきました。

2 リスクベース・アプローチに基づくリスクの特定と評価等

⑴ リスクベース・アプローチ

犯収法や金融庁の策定するマネロンガイドライン[1]においては、「リスクベース・アプローチ」の考え方が明示され、金融機関自身が、時々に変化する国際情勢をも踏まえ、AMT／CFTに関するリスクを適時・適切に特定・評価することを前提とし、当該リスクに見合った有効性のある低減措置を講じていくことが求められています。この考え方に基づけば、金融機関が、取引形態、顧客の属性等を包括的・具体的に検証し、自身の業務に内包するリスクを特定することが、金融機関におけるAML／CFTへの対応の出発点となります。また、金融機関は、犯収法により作成に努めることを義務付けられている特定事業者作成書面（以下、本設問において「リスク評価書」といいます。同法11条4号、犯収規則32条1項1号）においても、自身の行う取引に関するAMLのリスクを分析することが求められています。

そして、在留外国人との取引についていえば、預貯金者が在留外国人であるという要素は、顧客の属性として、リスクを特定・評価するにあたり勘案すべき1つの事情と位置付けられます。

---

1 金融庁「マネー・ローンダリング及びテロ資金供与対策に関するガイドライン」（平成31年4月10日）（https://www.fsa.go.jp/common/law/amlcft/amlcft_guidelines.pdf）。

第2章 外国人との共生社会へ向けた金融機関の課題　53

⑵　リスクの遮断

　さらに、マネロンガイドラインにおいては、金融機関は、犯収法に基づく
疑わしい取引の届出（Q18参照）にとどまらず、適切な顧客管理が実施でき
ないと判断した顧客については、リスクの遮断の検討をすることを求められ
ています。ここにいうリスク遮断には口座開設等の取引の拒否のほか、既存
顧客に対する口座解約や取引制限も含まれるものと解されます[2]。

　したがって、金融機関には、適切な管理の実施が困難な在留外国人の預貯
金口座についても、こういったリスク遮断策を適切に講じることができる態
勢の構築が求められているといえます（預貯金口座開設の拒否についてはQ13
参照、預貯金規定に基づく解約や取引制限についてはQ28、Q29参照）。

3　2018年犯罪収益移転危険度調査書の指摘（外国人との取引）から看取されるリスク

　金融機関が行う取引の相手方が在留外国人であるという事情は、どのよう
なリスク評価を帰結すると考えるべきでしょうか。この点、国家公安委員会
は、毎年、犯罪による収益の移転に係る手口その他の犯罪による収益の移転
の状況に関する調査および分析を行った上で、事業者が行う取引の種別ごと
に、収益の移転の危険性の程度その他の当該調査および分析の結果を記載し
た犯罪収益移転危険度調査書を作成し、これを公表するものとされていると
ころ（犯収法3条3項）、2018年12月に国家公安委員会が公表した犯罪収益移
転危険度調査書[3]において、外国人との取引に関して指摘されている事情の
概要は以下のとおりです。

⑴　国籍別の検挙人員

　上記危険度調査書11頁においては、犯収法違反事件（過去3年間の預貯金

2　金融庁「「マネー・ローンダリング及びテロ資金供与対策に関するガイドライン
（案）」及び「主要行等向けの総合的な監督指針」等の一部改正（案）に対するパブリッ
クコメントの結果等について「コメントの概要及びコメントに対する金融庁の考え方」」
24頁・110番参照（https://www.fsa.go.jp/news/30/20180206/gaiyou.pdf）。
3　https://www.npa.go.jp/sosikihanzai/jafic/nenzihokoku/risk/risk301206.pdf

通帳・キャッシュカード等の不正譲渡等）の国籍別の検挙件数について、中国、ベトナム、フィリピンの順に多く、とくに、近年、ベトナム人による事件の検挙件数が増加していることが指摘されています。この点、検挙件数は、各国から来日する外国人の母数にも依存するため、顧客の国籍に依拠して、個々の顧客との間の取引に存するリスクを判断することは不可能です。ただ、現に生じている傾向については、リスクを評価する上で、１つの考慮要素として参考にすべきでしょう。

(2) 来日した外国人が関与した不正行為の態様

　上記危険度調査書21頁においては、来日した外国人名義の預貯金口座が悪用された事例として、本国に帰国した外国人の預貯金口座を利用し詐欺や窃盗等の犯罪による収益を収受または隠匿した場合や、帰国した外国人から有償で譲り受けた預貯金口座を不法な外国送金を行うために利用していた場合等が挙げられています。この点、在留外国人の開設した預貯金口座は、基本的に、日本における在留期間に限って生活口座等としての利用に供されるものであり、在留外国人が帰国するに際し不要となるため、在留期間の満了に際して不正に譲渡されやすいという、日本人名義の口座にはない要素をはらんでいるということができます。

　金融機関においては、在留外国人の口座には、かかる不正利用につながりうる要素があることを認識した上で、リスクの特定・評価を行う必要があります。さらに分析すれば、現実に日本における生活のために必要とされている期間においては、日本人名義の預貯金口座と基本的に差異がないのに対し、在留期間の満了が近接した場合には、不正利用のリスクが高まるということができます。そのため、外国人名義の預貯金口座の管理は預貯金者たる外国人の在留期間と関連付けて行うことが合理的といえるでしょう。

第2章　外国人との共生社会へ向けた金融機関の課題　55

12 在留外国人との取引に応じることと AML等の要請の両立

Q 外国人との取引については、預貯金口座が不正に譲渡されて犯罪利用されている実態があるとの報道を目にしましたが、このような実態を踏まえても、そもそも、在留外国人による口座開設に応じる必要があるのでしょうか。また、応じるべきとする場合は、不正利用のリスクにどのように対応すべきなのでしょうか

A 外国人との共生社会において金融機関が社会から期待されている役割や現実に行政から示されている考え方を勘案すれば、少なくとも、在留外国人との取引に一律に応じない対応は適切ではありません。金融機関には、在留外国人に金融サービスを提供していく機会が増加することを前提とした上で、外国人名義の預貯金口座に関して従来から指摘されている不正利用等の実態を分析し、口座開設時、期中管理のそれぞれの場面において、適切にリスクを低減するための措置を講じていくことによってAML等の要請に応えながら、在留外国人との共生社会における使命を果たしていくことが求められます。

解説

1 外国人との共生社会と金融機関の役割

(1) 金融機関における顧客管理の必要性

改正入管法のもとにおいては、在留外国人の数が大幅に増えることに伴い、日本の金融機関にとっては、在留外国人との取引機会が増えることが想定されます。また、改正入管法施行後の日本においては、外国人材が幅広い業種で活用されることが期待されており、日本の金融機関に対しては、公共

的な役割の一環として、在留外国人が支障なく就労し生活することができるよう、円滑な金融サービスを提供することを求める気運が一層高まると予想されます。

(2) AML等における在留外国人との取引の位置付け

一方で、在留外国人との預貯金取引に関しては、預貯金口座が不正に譲渡され犯罪に利用されている実態があると指摘されていることを踏まえれば、金融機関が在留外国人との取引を行うに際し、かかる外国人名義の口座固有のリスクを無視することはできません（**Q11**参照）。

また、近年の日本のAML等に関する状況についてみれば、2019年に行われるFATF第4次対日相互審査への対応が喫緊の課題とされてきたところであり、金融システムの担い手である金融機関においては、AML等の観点からのリスクを強く意識せざるをえず、在留外国人との間の取引を行うことについて、ある程度慎重になることもやむをえない環境に置かれていたと考えられます。

2　AML等との要請と外国人との間の取引

(1) 契約自由と金融機関業務の公共性

金融機関が、外国人との預貯金取引に関して指摘されている口座の不正利用等のリスクを回避しようとする場合、論理的には、在留外国人との取引に応じないということも考えられますが、以下に述べるとおり、少なくとも、一律に取引に応じないという対応をとることは適切ではありません。

この点、私企業が、契約を締結し、個々の取引を行うか否かを判断する段階は、私人間における契約自由の原則が妥当する場面であり、一般論として、金融機関は預貯金口座開設の申込みに応じるか、申込みを拒否するかを選択することができるのが原則です。

しかしながら、金融機関が預貯金口座の開設申込みを受けた場合については、これを拒否することが、業務の公共性に照らして適当かという観点を考慮する必要があります。すなわち、とくに銀行については、その業務に高度

第2章　外国人との共生社会へ向けた金融機関の課題　57

の公共性があること（銀行法1条）、内閣総理大臣の免許を受けたものでなければ営むことができないこと（同法4条1項）にもかんがみれば、契約締結の自由の原則の妥当する範囲に関しても一定の制約を受け、合理的な理由なくして取引を拒否することが不法行為を構成すると評価される余地があります。

　そして、外国人であるということ自体を直接の理由として預貯金口座の開設申込みを拒否することが差別的な取扱いとして合理性を欠くことはもちろん、AMLの要請を理由とする場合においても、個々の取引に関するリスクを個別に評価することなく、在留外国人であることから直ちに不正利用のリスクがあるとするのであれば、結局は、AMLを名目とするにすぎず、取引を拒否する理由として合理性を欠くと評価される可能性があると考えられます（在留外国人による預貯金口座の開設申込みを拒否した場合の問題点についてはQ13参照）。また、金融庁が2018年8月17日に公表した「マネー・ローンダリング及びテロ資金供与対策の現状と課題」[1]の中で、外国人であることのみをもって合理的な理由なく取引を拒否してはならないという考え方が明示されていることも意識する必要があるでしょう。

　このような法律論を別にしても、社会から金融機関に対し、在留外国人に対して金融サービスを円滑に提供することが期待されている状況があることは前述のとおりであり、金融機関が在留外国人との預貯金口座の開設に応じない対応を取れば、非難の対象となる可能性があり、金融機関のレピュテーションの観点からも問題があるといえます。

　これらの点にかんがみれば、少なくとも、金融機関が、在留外国人との間の預貯金口座の開設に一律に応じない（あるいは、例外的な場合にのみ応じる）という方法により、在留外国人の預貯金口座に関するリスクを遮断することは現実的ではありません。

1　https://www.fsa.go.jp/news/30/20180817amlcft/20180817amlcft-1.pdf

(2)　AML等の要請を踏まえた外国人顧客への対応

　以上のとおり、従来は、在留外国人との間の取引を行うことが少なかった金融機関においても、今後においては、在留外国人の預貯金口座が増加することを前提としながら、在留外国人であることに着目したリスク低減措置を図るための態勢を整備していく必要があります。

　預貯金口座開設の場面についていえば、犯収法に基づく取引時確認を在留外国人の保有する本人確認書類（在留カード）の提示を受けて行うことができる態勢を整備する必要があることはもちろん（**Q14**参照）、申告を受けた取引目的と在留資格の整合性等にも着目し、不自然と評価すべき事情がある場合には、追加の説明を受け資料の提出を受けるなどのルール作りが必要だと考えられます（**Q15**参照）。また、不正な譲渡を行わないよう積極的に周知したりするなど（**Q17**参照）、AML等に係るリスクを低減する措置を工夫すべきでしょう。

　期中管理についていえば、在留外国人の預貯金口座について、預貯金者である在留外国人の在留期間が満了し帰国することなどにより、預貯金口座開設当時の目的を失った時点から、預貯金口座が不正に譲渡されたり犯罪利用に供されたりするリスクが高まると分析することができるため、かかるリスクを低減するためには、預貯金口座開設時に届出を受けた外国人の在留期間を適切に管理し、在留期間の満了が近付いた時点で利用形態に変化が生じていないかという観点からモニタリングを行うべきです。そのほかにも、帰国した外国人の預貯金口座が極力残存しないよう、在留期間の満了前に預貯金口座を任意に解約するよう求めたり、在留期間の満了を解約事由とする条項を預金規定等に追加したりするなど（**Q29**、**Q30**参照）、在留期間と関連付けた管理を講じることで、リスクの低減を図ることが有用でしょう。

第2章　外国人との共生社会へ向けた金融機関の課題　59

コラム 2 窓口対応における英語

「英語には敬語がない」という趣旨のことを耳にすることがあります。尊敬語・謙譲語・丁寧語といった日本独特の表現を意味して「敬語」という場合にはそのとおりですが、ビジネスや接客時などにおける丁寧な表現（英語でいえばformal and politeな表現）であれば英語にももちろんあり、金融機関が外国人の顧客と接する場合もそのような表現を用いることが望ましいです。

例えば「ご用件はなんでしょうか」というフレーズも "Can I help you?" または "May I help you?" の二通りが一般的ですが、Mayのほうがフォーマルかつ丁寧ですので、接客などにおいてはMayを利用するほうが適切です。

また、「お座りください」を "Please sit down." と表現している場合がありますが、これは接客において適切でしょうか。冒頭にPleaseを付けることで丁寧となるようにも思えますが、そもそも "sit down" という表現自体が命令調であるため接客での利用には適していません。この場合 "Please take a seat." や "Please have a seat." というほうが丁寧な対応となります。ほかにも名前を確認するときも接客の際は "What is your name?" ではなく "May I have your name, please?" というほうが自然かつフォーマルですし、「少々お待ちください」という場合も "Please wait." ではなく "One moment, please." のほうが好印象を与えます。

ところで、顧客を呼ぶときはどのように呼ぶべきでしょうか。日本語では「お客さま」という便利な言葉がありますが、直訳して英語で "Mr. customer" と声掛けしても通じません。金融機関の窓口等を訪れた外国人の名前を既に把握している場合にはMr.またはMs.を付けて名字で呼べばよいですが、まだ名前を確認していない場合もありえます。この点、英語では、男性には "Sir"、女性には "Ma'am" や "Miss" といった目上の者に対する呼称を用いることができます。また、SirやMa'amは、接客時のフレーズの語尾にこれを付けることで、さらに丁寧な印象を与えることもできます。例えば、May I help you, sir?というと、より一層フォーマルな印象となります。

言葉はコミュニケーションツールなので、接客やビジネスにおいては適切な表現でコミュニケーションをとることにより、相手に好印象を与え、業務も円滑になるものと思われます。

第 3 章

在留外国人との間の
預貯金取引の開始

13 在留外国人からの預貯金口座開設申込みを拒否することの可否・当否

Q 当行は在留外国人による預金口座の開設申込みについては原則として拒否する運用を検討していますが、そのような運用は可能であり、とくに問題はないものと理解してよいでしょうか

A 　在留外国人による預金貯口座の開設申込みを拒否したからといって、それが直ちに法令違反になることはありません。もっとも、国籍や人種等にのみ基づいて拒否するような運用を行うと不当な差別であるとして不法行為を構成する危険が生じます。また、日本政府は総合的対応策[1]等において、すべての金融機関に対して特定技能の在留資格を有する外国人および技能実習生が円滑に預貯金口座を開設できるよう要請していますので、この要請に反する取組みが招来するレピュテーション・リスクは高いものと懸念されます。

- -

解　説

1　契約自由の原則と預貯金取引

　契約の申込みを受けた際に、その申込みに応じて契約を締結するか否かは原則として自由に決定できます。これを契約締結の自由といい、契約自由の原則の下位原則の１つであるとされています（この契約締結の自由については、2020年４月１日より施行される改正民法521条１項において明記されることとなりました）。そして、契約の相手方を選択する自由もこの契約締結の自由に含まれると考えることができます[2]。

1　前掲Ｑ９脚注２。
2　潮見佳男『民法（債権関係）改正法の概要』216頁（金融財政事情研究会、2017年）。

この契約締結の自由は預貯金取引にも妥当しますので、金融機関が在留外国人による預貯金口座の開設申込みを拒否したとしても、それが直ちに何か法令に違反するということにはなりません。

　この点に関しては、銀行に預金口座の開設を拒否された原告が、銀行取引の公共性から預金口座の開設申込みを受けた銀行には原則として承諾義務があり、合理的な理由なく承諾を拒否することは不法行為に該当するとして、当該銀行に対して損害賠償を求めた事件において、承諾を義務付ける法令上の根拠が存在しないことを理由に銀行に承諾義務は認められないと判示した裁判例もあります[3]。

2　差別的な取扱いと不法行為責任

　もっとも、契約の相手方の選択について、国籍や人種等のみを理由とする差別的な取扱いまでもが当然のように許容されるわけではありません。改正民法は契約の相手方を選択する自由については明記していませんが、それも相手方選択の自由まで明記すると上記のような差別的取扱いがなされた場合の損害賠償責任が認められにくくなるといった影響が生じることが懸念されたためです[4]。

　国籍や人種等のみを理由とする差別的な取扱いに不法行為責任の成立が認められた近時の裁判例には、被告が一般に提供している無料の資料請求サービスを利用して被告に資料請求を行った原告（外国人）が、被告従業員によって原告が外国籍であるという理由のみに基づいて資料送付を拒否されたために、不当な国籍差別ないし人種差別によって人格権を侵害されたと主張して、被告の使用者責任を追及したところ、同責任が認められたもの[5]や、入居予定者が日本国籍を有していなかったことを理由として賃貸借契約の締

3　東京地判平26.12.16（金法2011号108頁）。

4　法務省民事局参事官室「民法（債権関係）の改正に関する中間試案の補足説明」324頁（平成25年4月）（http://www.moj.go.jp/content/000109950.pdf）。

5　大阪地判平29.8.25（判時2368号23頁）。

結を拒否した賃貸マンションの所有者に不法行為に基づく損害賠償責任を認めたもの[6]等があります。

3 外国人に対する預貯金口座開設の拒否とレピュテーション・リスク

　また、総合的対応策においては「外国人が我が国で生活していくに当たっては、家賃や公共料金の支払、賃金の受領等の様々な場面において、金融機関の口座を利用することが必要となることから、外国人が円滑に銀行口座を開設できるようにするための取組を進めていく必要がある」（同11頁）との認識が示され、「全ての金融機関において、新たな在留資格を有する者及び技能実習生が円滑に口座を開設できるよう、要請する。また、多言語対応の充実や、口座開設に当たっての在留カードによる本人確認等の手続の明確化など、銀行取引における外国人の利便性向上に向けた取組を行う」（同11、12頁）との具体的施策が明らかにされています。また、金融庁も2018年8月17日に公表した「マネー・ローンダリング及びテロ資金供与対策の現状と課題」[7]において、「わが国に一定期間居住する外国人（留学生や技能実習生等）への金融サービス提供時において、外国人であることのみをもって、合理的な理由なく取引の謝絶等が行われてはならない」（同17頁）との方針を示しており、外国人との共生社会の到来に向けて、預貯金口座の利用を含む在留外国人の生活サービス環境を改善していこうという社会機運は今後一層高まるものと見込まれます。

　以上のような社会情勢を踏まえれば、在留外国人との預貯金取引を原則として一律に排除しようという方針の金融機関は深刻なレピュテーション・リスクにさらされるものと考えられますので、合理的な理由を欠きながら拒否することは厳に控えるべきといえます。

6　京都地判平19.10.2（LLI／DB判例秘書（L06250293））。
7　前掲Q12脚注1。

4　マネロンガイドラインにおけるリスク遮断

　他方、金融機関は、金融庁の策定するマネロンガイドライン[8]において、顧客管理の一環として「必要とされる情報の提供を利用者から受けられないなど、自らが定める適切な顧客管理を実施できないと判断した顧客・取引等については、取引の謝絶を行うこと等を含め、リスク遮断を図ることを検討すること」が求められています（同15頁）。預貯金口座の開設もここにおける「謝絶」の対象から排除されるわけではありませんので[9]、金融機関としては、漫然と預貯金口座開設の申込みに応じることが許されず、預貯金口座が不正に利用されるリスクを勘案の上、適切な顧客管理を実施できないと判断する場合には、同申込みを拒否すべきことになります。

　そうすると、今後は、預貯金口座の開設窓口において、拒否の可否、すなわち、具体的にどのような事情が認められればリスク遮断策としての合理性を備えるのかの判断が問題になる事態が増えるものと予想されます。

　この点、例えば、申込者が照会に応じないなどにより、犯収法上の取引時確認（Q14参照）が適切に実施できない場合や申込者が反社会的勢力に該当する場合のように、日本人であっても、通常、貯預金口座の開設を拒否すべき事由が認められるのであれば、相手方が在留外国人であっても拒否すべきことに基本的に問題はないと考えられます。また、在留外国人に固有の事情としては、取引時確認に際する申込者の申告内容が虚偽であると合理的に疑われる場合（例えば、取引時確認における申告内容が在留カードの記載と整合しない場合。Q15参照）や預貯金口座開設の必要性に乏しい在留期間の終期が間近に迫っている場合であれば、不正利用が合理的に疑われ、適切な顧客管理も期待できないところであり、拒否の理由としての合理性を備えるものと考えられます。

8　前掲Q11脚注1。
9　前掲Q11脚注2。

第3章　在留外国人との間の預貯金取引の開始　65

14 在留外国人との預貯金口座開設に際する確認事項

Q 在留外国人から給与振込用の預貯金口座開設の申込みを受けました。このような在留外国人の預貯金口座開設手続に際して、相手方にはどのような事項を確認しておくべきでしょうか

A 金融機関は、在留外国人にも円滑に預貯金口座の開設ができるよう態勢を整える一方で、在留外国人に開設する預貯金口座についてもマネー・ローンダリングやテロ資金供与に利用されないよう、そのようなリスクの低減措置を可能な限り実施すべきこととなります。このような観点からは、犯収法上の取引時確認における確認事項（氏名、住居、生年月日、取引を行う目的および職業）のように法令により確認を義務付けられている事項に限らず、実効的な預貯金口座の管理に資すると考えられる事項（在留資格、在留期間、電話番号、SNSのID等）についても確認しておくべきといえます。

- -

解説

1 外国人の預貯金口座開設にあたって留意すべき点

外国人が日本で生活しようとする場合、様々な場面において日本国内の金融機関の預貯金口座を利用する必要性が生じることから、外国人との共生社会の実現に向け、金融機関はとくに技能実習生や特定技能外国人が円滑に預貯金口座を開設できるように取組みを進めていくことが求められています（Q10参照）。

その一方で、金融機関は、自身の提供するサービスが、マネー・ローンダリングやテロ資金供与に利用されることを防止するための体制を整備するこ

とが、コンプライアンス上の重要な課題とされています。この点、在留外国人の預貯金口座については、帰国に際し預貯金取引の継続が不要になるという事情を背景として、第三者に譲渡されるという事態が想定されるところであり、金融機関としては、このようなリスクの低減を念頭に置いた預貯金口座管理をしなければなりません（Q11、Q12、Q26参照）。そのため、金融機関としては、預貯金口座開設時においてもこれらの点に留意した上で、以下で述べるような事項につき確認を行うべきこととなります。

2　法令等の要請により確認を要する事項

(1)　犯収法上の確認事項（取引時確認）

　犯収法上、金融機関は、自然人との預貯金契約の締結に際し、取引時確認として、本人特定事項（氏名、住居、生年月日）、取引を行う目的および職業を確認しなければなりません（同法4条1項）。

　在留外国人から預貯金口座開設の申込みを受けた際の取引時確認の方法として、在留カード[1]による確認が義務付けられているわけではありませんが、在留カードの記載事項[2]は、申告された取引目的の真偽の判断に資するものですので、在留カードによる取引時確認を行うべきです（Q15参照）。

　なお、外国PEPs[3]から預貯金口座開設の申込みを受けた場合など、犯収法4条2項各号に定めるハイリスク取引[4]に際しては、取引時確認として、

1　在留カードとは、新規の上陸許可、在留資格の変更許可や在留期間の更新許可など在留資格に係る許可の結果として、日本に中長期間在留する外国人に対して交付されるカードです（入管法19条の3）。日本に中長期間在留する16歳以上の外国人は、在留カードを常時携帯しなければなりません（同法23条2項、5項）。これに違反した場合には、20万円以下の罰金に処せられます（同法75条の3）。

2　在留カードには、在留カード番号、氏名、生年月日、性別、国籍・地域、住居地、在留資格、就労制限の有無、在留期間（満了日）、在留カードの有効期間、資格外活動許可の有無といった事項が記載されています。

3　外国PEPs（Politically Exposed Persons）とは、①外国の元首および外国の政府、中央銀行その他これらに類する機関において重要な地位を占める者ならびにこれらの者であった者、および②①の家族等をいいます（犯収法4条2項3号、犯収令12条3項、犯収規則15条）。

第3章　在留外国人との間の預貯金取引の開始　67

本人特定事項につき通常の確認方法よりも厳格な方法により確認を行うことが求められます（同項3号、犯収令12条3項、犯収規則14条）。また、ハイリスク取引であって、当該取引の額が200万円を超える財産の移転を伴う場合は、本人特定事項等に加えて資産および収入の状況についても確認が必要となりますので（犯収法4条2項、犯収令11条）、開設に際する預貯金の額が200万円を超える場合には相手方の資産および収入の状況についても確認すべきこととなります。もっとも、資産および収入の確認は、疑わしい取引の届出の要否の判断に必要な限度で行えば足りるとされています（犯収法4条2項参照）。

(2) 外為法上の確認事項

外国人との預貯金契約の締結が「資本取引」に当たる場合には（どのような場合に「資本取引」に当たるかについてはQ22参照）、外為法上、金融機関は預貯金契約の締結に際し、本人特定事項（氏名、住所・居所、生年月日）を確認しなければなりません（同法22条の2、18条1項1号等）。

(3) その他法令等の確認事項

税法上、金融機関は、預貯金情報を個人番号（マイナンバー）により検索することができる状態で管理しなければなりませんので（国税通則法74条の13の2、地方税法20条の11の2、マイナンバー法2条5項等）、住民登録の対象となり、マイナンバーが付与される在留外国人（Q4参照）に対する預貯金口座の開設に際しては、相手方よりマイナンバーの提供をも受けるべきこととなります。もっとも、預貯金者は法律上マイナンバーを告知すべき義務を負うわけではありませんので、任意での提供を促すこととなります（Q46参照）。

また、租税条約等の実施に伴う所得税法、法人税法及び地方税法の特例等

4　犯収法4条2項各号に当たる取引をハイリスク取引といいます。同項各号はハイリスク取引として、①過去の契約の際に確認した顧客等になりすましている疑いがある取引、②過去の契約時の確認の際に確認事項を偽っていた疑いがある取引、③イランまたは北朝鮮に居住・所在する者との取引および④外国PEPsとの取引といった取引を挙げています（同項、犯収令12条、犯収規則15条等）。

に関する法律（以下、本設問において「実特法」といいます）上、預貯金口座開設の申込みをする者は、金融機関に対し、氏名、住所、生年月日、居住地国等の事項を記載した新規届出書を提出しなければならず、金融機関はこの新規届出書の内容を確認しなければなりません（同法10条の5第1項・7項、租税条約等の実施に伴う所得税法、法人税法及び地方税法の特例等に関する法律の施行に関する省令（以下、本設問において「実特省令」といいます）16条の2等）[5]。なお、申込者が米国人である場合には、FATCAの適用の有無についても検討すべきこととなります（**Q24**参照）。

　加えて、財務省国際局は、外国為替検査ガイドラインにおいて、金融機関に対し、非居住者預貯金口座および本人確認書類により明らかに外国人であると判断できる氏名・名称の預貯金口座については、本人確認書類をもとにカタカナに加えてアルファベット名についても情報システム等に登録し、これらを用いて当該申込者が資産凍結等経済制裁対象者[6]に当たらないかを確認するよう求めています（同11頁）。そのため、金融機関としては、在留外国人から預貯金口座開設の申込みを受けて本人確認を行う際に、在留カードやパスポートにより申込者のアルファベット名を確認すべきこととなります。

　さらに、金融機関は、金融庁の監督指針等において、反社会的勢力との取引を未然に防止するため、反社会的勢力に関する情報等を活用した適切な事前審査を実施することが求められているところ、預貯金口座は、仮に反社会的勢力の活動以外の目的で利用されていたとしても、反社会的勢力の活動の

5　実特法は、CRSを受けて、上記事項に関する確認義務を規定しています。CRSとは、共通報告基準（Common Reporting Standard）の略称であり、外国の金融機関の口座を利用した国際的な租税回避を防止するために、経済協力開発機構（OECD）が2014年に策定した、課税における自動的な情報交換に関する基準（The Standard for Automatic Exchange of Financial Account Information in Tax Matters）における報告基準をいいます。CRSは参加国において国内法を制定することにより現地法令として適用されることになります。日本においては、2015年に実特法を改正し、2017年1月1日に施行されました（**Q25**参照）。

6　財務省ホームページ「経済制裁措置及び対象者リスト」（https://www.mof.go.jp/international_policy/gaitame_kawase/gaitame/economic_sanctions/list.html）参照。

利用に容易に転用することができるという性質を有していますので[7]、預貯金口座の開設にあたっても当然に上記の審査を実施すべきこととなります。この点は、相手方が外国人であっても別異に解すべき理由がありませんので、金融機関としては預貯金口座開設の申込者が外国人であっても反社会的勢力に該当しないか確認すべきこととなります。

3 預貯金口座開設に際して確認することが有用な事項

預貯金口座を開設した在留外国人への今後の連絡手段として、本人の電話番号やメールアドレスを確認することが考えられますが、日本に来て間もない在留外国人など、電話番号を有していない場合も想定されます。そのため、勤務先がある場合には勤務先名称、住所、電話番号の申告を受けることや、本人のLINE、WhatsApp、WeChat等のSNSのIDや付添人の電話番号などの申告を受け、連絡手段を確認しておくことも今後の口座管理の上では有用と考えられます。

さらに、在留外国人が預貯金口座開設に際しての日本語による説明や日本語の預金規定等を十分に理解することができていなかった場合に、日本語の預金規定等の効力が及ぶことについて疑義を生じさせないよう、通訳を介して預金規定等の説明を行い、その内容について当該外国人の理解を得ながら口座開設の手続を進めていくことも有用であると考えられます。このように通訳を通して本人の意思確認等を行う際には、適切な通訳がなされたといえる状況を担保するため、申告や付添人の在留カードにより、付添人の氏名や住居、生年月日、国籍、連絡先、申込者との関係性（夫婦、親類、知人等）などを確認することが有用といえます（**Q20**参照）。

7　福岡地判平28.3.4（金法2038号94頁）参照。

図表14　預貯金口座開設に際する具体的確認事項（自然人）

確認すべき事項	確認事項	確認方法	根拠法令等
	□本人特定事項（氏名、住居、生年月日）	運転免許証、在留カード等	犯収法４条１項、外為法22条の２、18条１項１号等
	□取引を行う目的 □職業	申　告 （＋社員証等）	犯収法４条１項等
	【ハイリスク取引該当性】 □イランまたは北朝鮮に居住・所在しているか □外国PEPs該当性	申　告	犯収法４条２項、犯収令12条、犯収規則15条等
	□個人番号（マイナンバー）	個人番号カード（マイナンバーカード）、住民票等	国税通則法74条の13の２、地方税法20条の11の２、マイナンバー法２条５項等
	□新規届出書記載事項（氏名、住所、生年月日、居住地国等）	在留カード等	実特法10条の５第１項、７項、実特省令16条の２等
	□アルファベット名 □資産凍結等経済制裁対象者該当性	在留カード、パスポート等	外国為替検査ガイドライン
	□反社会的勢力該当性	申　告	金融庁監督指針等
	□在留カード番号 □国籍・地域 □在留資格 □就労制限の有無 □在留期間（満了日） □在留カードの有効期間 □資格外活動許可の有無[8]	在留カード	
	□電話番号、メールアドレス	申　告	

第３章　在留外国人との間の預貯金取引の開始　71

□その他FATCA規制の適用の有無　等		
【ハイリスク取引に当たる場合】 □本人特定事項（氏名、住居、生年月日）	運転免許証＋在留カード等[9]	犯収法4条2項、犯収規則14条、犯収令11条等
□資産および収入の状況[10]	源泉徴収票、確定申告書等	

	確認事項	確認方法
確認することが有用な事項	□勤務先名称、所在地、電話番号	申告、社員証等
	【本人の電話番号がない場合】 □LINE、WhatsApp、WeChat等のSNSのID □付添人電話番号　等	申　告
	【付添人による通訳を介して本人の意思確認を行う場合】 □付添人の本人特定事項（氏名、住居、生年月日）、国籍 □付添人と本人の関係性（夫婦、親類、知人等） □付添人の電話番号　等	申告、在留カード等

8　2012年7月9日以降に中長期在留者に対して交付される在留カードの裏面には、資格外活動許可を受けている場合にその許可の要旨が記載されています（**Q7・図表7－2**参照）。

9　ハイリスク取引に当たる場合には、通常の取引に際して確認した書類に加えて、当該書類以外の本人確認書類が必要になります（犯収規則14条）。

10　取引の額が200万円を超える財産の移転を伴う場合。

15 在留カードによる取引時確認の留意点

Q 在留外国人から預貯金口座開設の申込みを受けました。犯収法上の取引時確認を行うにあたって、どのような点に留意すべきでしょうか

A 取引時確認の方法として、在留カードによる確認が義務付けられているわけではありませんが、在留資格や就労制限の有無、在留期間などの在留カードの記載事項は、申告された取引目的の真偽の判断に資するものですので、在留カードによる取引時確認を行うべきです。

しかし、在留カードによる取引時確認に際して、在留カードが偽造・変造されていれば、その記載事項も虚偽である可能性があり、取引目的の真偽の判断に資さないだけでなく、そもそも偽造・変造された在留カードを所持している者に預貯金口座を開設することは控えるべきですので、金融機関としては、在留カードの提示を受けた際に、在留カードに施された偽造・変造対策を活用し、それが真正な原本であることを確認すべきであるといえます。

解説

1 在留カード[1]により取引時確認を行うことの意義

犯収法上、金融機関は、自然人との預貯金契約の締結に際し、取引時確認として、本人特定事項（氏名、住居、生年月日）、取引を行う目的および職業を確認しなければなりません（同法4条1項）。この点、本人特定事項や取引目的、職業につき確認を行う方法は、犯収規則6条以下に定められていますが、在留カードによる確認が義務付けられているわけではありません。

---

1 前掲Q14脚注1。

しかし、在留資格や就労制限の有無、在留期間などの在留カードの記載事項[2]は、申告された取引目的の真偽の判断に資する情報といえます。例えば、「給与の受取り」という取引目的の申告を受けたにもかかわらず、残りの在留期間がわずかであるという場合や、就労制限の有無につき「就労不可」と記載されている場合には、その申告された取引目的の真偽について疑義が生じることになります。なお、在留資格が「留学」である場合、原則として就労は認められていませんが、資格外活動許可を受けて就労している場合もありますので、在留カードの裏面にその旨の記載があるかを確認すべきこととなります[3]（Q7・図表7−2参照）。

　このように、在留カードの記載事項は申告された取引目的の真偽の判断に資する情報といえますので、金融機関としては、在留カードによる取引時確認を行うべきであるといえます。実際に、ゆうちょ銀行においては、在留外国人との預貯金契約の締結に際し、国籍や在留資格、在留期間等を確認するため、在留カードの提示を求めています[4]。

2　在留カードが真正な原本であることの確認

　上述のとおり、在留カードの記載事項は申告された取引目的の真偽の判断に資する情報といえます。しかし、提示を受けた在留カードが偽造・変造されたものであれば、その記載事項も虚偽である可能性があり、そのような場合には取引目的の真偽の判断に資する情報になりえません。

　そもそも、預貯金口座開設の申込者は、取引時確認に際して、確認対象事項を偽ってはならないものとされており（犯収法4条6項）、本人特定事項を隠蔽する目的で虚偽の申告をする行為は、刑罰の対象となりますので（同法27条）、申込者が偽造・変造の在留カードを提示して、本人特定事項を偽っ

2　前掲Q14脚注2。
3　前掲Q14脚注8。
4　ゆうちょ銀行「口座を開設される外国人のお客さまへ」（https://www.jp-bank.japanpost.jp/kaisetu/kat_gaikokujin.html）。

た場合には刑罰の対象となりえます。また、金融機関は、顧客が取引時確認に応じないときは、これに応じるまで特定の取引に係る義務の履行を拒むことができるとされており（同法5条）、偽造・変造された在留カードの提示をもって取引時確認に応じたとはいえませんので、このような場合には、金融機関は預貯金口座開設の申込みを拒むことができると考えられます。加えて、在留カードの偽造・変造自体が重大な犯罪であり（Q16参照）、そのような在留カードを提示した者は不正な目的で預貯金口座を利用する意思を有している可能性が高いといえますので、偽造・変造の在留カードを提示した者への預貯金口座開設は控えるべきであるといえます。

　在留カードの偽造については、近時、日本国内の在留カードを偽造する拠点が複数摘発されているとの報道もなされているところであり[5]、在留カードの偽造・変造に係るリスクについては、金融機関としても看過できない状況であるといえます。そのため、金融機関は、在留カードの提示を受けた際には、まず後記3に記載の方法により、それが真正な原本であることを確認すべきであるといえます。

3　在留カードの偽造・変造対策

　在留カードには、**図表15**のように容易に偽造・変造されることのないよう様々な対策がなされています。

　まず、在留カードに記載された在留カード番号と有効期間により、当該在留カード等の有効性を出入国在留管理庁のホームページで確認することができます[6]。また、在留カードにはICチップが搭載されており、ICチップ内には在留カードの券面画像が記録されています。出入国在留管理庁はこのICチップ内のデータを読み取るための仕様をホームページで公開しており、こ

---

[5]　2019年4月25日付日本経済新聞「在留カード偽造拠点か　所持容疑の男ら逮捕、愛知県警」。

[6]　出入国在留管理庁「在留カード等番号失効情報照会」（https://lapse-immi.moj.go.jp/ZEC/appl/e0/ZEC2/pages/FZECST011.aspx）。

の仕様公開により在留カード読み取り用のソフトウェア等製品が開発・市販されていますので、在留カードの提示を受ける金融機関としては、市販の在留カード読み取り用のソフトウェア等を使用して読み取った画像と券面を比較することで、真正な在留カードか否かの確認をすることができるようになっています。さらに、在留カードの券面にも偽造・変造対策のための加工がなされており、暗い場所で在留カードの表面側から懐中電灯等により強い光を当てると、裏面側に「MOJMOJ…」という透かし文字を確認することができます[7]。ほかにも、在留カードを上下に傾けると、カードの左端部分がピンク色に変化する加工や、カードを左右に傾けると、「MOJ」のホログラムが３D的に左右に動く加工、カードを傾けると写真左隣にある「MOJ」の文字の周囲の絵柄がピンクからグリーンに変化する加工などがなされています[8]。

　以上のように、在留カードには、容易に偽造・変造されることのないよう様々な対策がなされていますので、金融機関としては、これらの対策を活用して、提示を受けた在留カードが真正な原本であることを確認すべきであるといえます。

---

[7]　入国管理局「偽変造在留カードにご注意ください」（平成31年３月）（http://www.immi-moj.go.jp/soshiki/kikou/pdf/190304-card.pdf）、出入国在留管理庁「在留カード等仕様書の公開について」（令和元年７月）（http://www.immi-moj.go.jp/news-list/120424_01.html）。

[8]　出入国在留管理庁「「在留カード」及び「特別永住者証明書」の見方」（http://www.immi-moj.go.jp/newimmiact_1/pdf/zairyu_syomei_mikata.pdf）。

図表15　在留カードの偽造・変造対策[9]

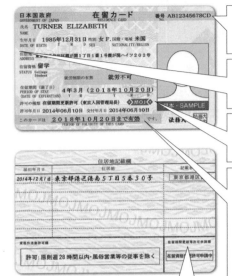

在留カード番号：この番号および有効期間年月日によりカードの有効性の確認が可能です。

在留カードを上下に傾けると、カードの左端部分がピンク色に変化する加工がなされています。

「MOJ」の文字の周囲の絵柄がピンクからグリーンに変化する加工がなされています。

有効期間：一般的には券面に表示された有効期間が在留カードの有効期間となります。表面の在留期間の満了日までに、在留資格変更許可申請または在留期間更新許可申請をした場合には、その旨が在留カードの裏面に記載され、当該申請に対する処分がなされない限り、表面の在留期間の満了日から２カ月を経過する日まで有効となります。

暗い場所で在留カード等の表面側から懐中電灯等により強い光を当てると、裏面側に「MOJMOJ…」という透かし文字を確認することができます。

9　前掲Q７脚注３。

第３章　在留外国人との間の預貯金取引の開始

16 在留カードの偽造等が判明した場合の対応

Q

在留外国人のＡさんから預貯金口座開設の申込みを受け、本人確認のため、在留カードの提示を受けました。以下の場合、どのように対応すればよいでしょうか

① 在留カードについて「透かし文字」が確認できず、偽造されたものであることが疑われる場合

② 在留カードの券面に記載されている写真や年齢等から、当該カードが、Ａさんのものではなく、他人のものであることが疑われる場合

A

いずれの場合においても、追加の情報を取得することなどにより、偽造（①）やなりすまし（②）の疑いが払拭されない限り、提示された在留カードをＡさんの適切な身分証明書として取り扱うことはできないため、預貯金口座開設の申込みに応じて取引を開始すべきではありません。また、犯罪利用に供する目的で預貯金口座の開設をしようとしていることもうかがわれますので、疑わしい取引の届出をすることを検討する必要があります。

加えて、在留カードの偽造（①）および他人名義の在留カードの行使（②）は退去強制事由かつ犯罪に当たる重大な不正行為ですので、これらの行為が判明した場合には、すぐに最寄りの地方出入国在留管理局や警察に連絡すべきです。

・・・

解説

1 在留カードの本人確認書類としての重要性等

在留カードとは、新規の上陸許可、在留資格の変更許可や在留期間の更新

許可など在留資格に係る許可の結果として、日本に中長期間在留する外国人に対して交付されるカードです（入管法19条の3）。

在留カードは、法務大臣が日本に中長期間滞在できる在留資格および在留期間をもって適法に在留する者であることを証明する「証明書」としての性格を有しており、在留外国人は在留カードにより自己の身分を証明することができます。そして、金融機関が、在留外国人との取引を行う場面においては、犯収法に基づく取引時確認のほか、在留資格の種類、在留期間等を確実に確認するための重要な手段となります（Q15参照）。そのため、預貯金口座の開設の場面において提示された在留カードについて、偽造の疑いや、他人の在留カードである疑いが生じた場合には、当該カードが偽造されたものでないことを確認したり（「透かし文字」など在留カードの偽造・変造対策についてはQ15参照）、本人の在留カードであることを他の書類（例えば、住民票）等との整合性から確認したりすべきです。そして、これによりかかる疑いが払拭されない限り、取引時確認や所定の届出事項の確認を適切に完了することはできないため、取引を開始することは控えるべきです。

また、預貯金口座の申込みをする者が、偽造した在留カードや他人名義の在留カードを提示する場合には、開設した口座を、勤務先からの給与の受取用口座や、生活口座といった正当な目的に利用する意思を有しているとは考え難く、第三者に譲渡するなどの不正な目的のもとに行われている可能性が高いといえます。したがって、偽造やなりすましの疑いを払拭できず、結果的に預貯金口座開設の申込みを拒否したような場合には、犯収法に基づく疑わしい取引の届出を行うことも検討すべきでしょう（同法8条1項。疑わしい取引の届出制度についてはQ18参照）。

また、万が一、在留カードの偽造が横行するようなことがあれば、在留資格や在留期間の証明手段としての信頼性を確保することはできません。そこで、後記2および3で解説するとおり、入管法は、在留カードの偽造など、外国人の在留に係る制度を脅かす行為を、退去強制事由として規定するとともに、罰則の対象としています。

第3章　在留外国人との間の預貯金取引の開始　79

2 退去強制事由

①行使の目的で、在留カードを偽造・変造し、または偽造・変造された在留カードを提供・収受・所持する行為や、②行使の目的で、他人名義の在留カードを提供・収受・所持し、または自己名義の在留カードを提供する行為、③偽造・変造の在留カードまたは他人名義の在留カードを行使する行為は、いずれも、在留外国人の退去強制事由に該当します（入管法24条3号の5）。上記行為を唆し、またはこれを助ける行為についても同様です（同号）。なお、特別永住者証明書に係る行為についても同様に退去強制事由に当たります（同号）。

3 罰　　則

⑴　在留カード・特別永住者証明書の偽造・変造

在留カードの偽造・変造に関する行為は、入管法により重大な犯罪として規定されています。まず、行使の目的で、在留カードを偽造・変造した者は、1年以上10年以下の懲役に処せられます（同法73条の3第1項）。また、偽造・変造の在留カードを行使した者、および行使の目的で、偽造・変造の在留カードを提供・収受した者も同様です（同条2項、3項）。これらの行為については、未遂であっても罰せられます（同条4項）。さらに、罰則の対象となるのは、在留カードの偽造・変造や偽造・変造に係るカードを行使した者だけではなく、行使の目的で、偽造・変造の在留カードを所持した者も、5年以下の懲役または50万円以下の罰金に処せられます（同法73条の4）。特別永住者証明書に係る行為についても同様です（入管特例法26条、27条）。

なお、偽造とは、一般に、権限なく他人名義の文書を作成することをいい、変造とは、真正に成立した文書に変更を加えることをいいます。真正な文書を変更した場合については、変更の程度により、両者が区別されると解されており、文書の本質的な部分に変更を加え、既存文書と同一性を欠く新

たな文書を作出した場合は、変造ではなく、偽造の罪が成立すると考えられています[1]。もっとも、金融機関が顧客から在留カードの提示を受ける場面においては、偽造・変造いずれの場合であっても、当該在留カードを適正な身分証明書として取り扱うことができないことに変わりはないため、両者を区別する必要はありません。

(2) 他人名義の在留カード・特別永住者証明書の行使等

　他人名義の在留カードを所持した者、行使の目的で他人名義の在留カードを提供・収受・所持した者、行使の目的で自己名義の在留カードを提供した者は、いずれも1年以下の懲役または20万円以下の罰金に処せられます（入管法73条の6第1項）。また、これらの行為については、所持の場合を除き、未遂も罰せられます（同条2項）。特別永住者証明書に係る行為についても同様です（入管特例法29条）。

1　山口厚『刑法各論［第2版］』434頁（有斐閣、2010年）。

17 預貯金口座不正譲渡の犯罪性に関する在留外国人への周知

Q 在留外国人が保有する預貯金口座が増えることに伴い、預貯金口座が不正に譲渡される機会も増えるのではないかと危惧しています

① 在留外国人が預貯金口座を第三者に譲渡する実例は多いのでしょうか

② 預貯金口座を第三者に譲渡することはどのような犯罪に該当するのでしょうか

③ 在留外国人の顧客に対し、預貯金口座を第三者に譲渡しないよう周知するには、どのような対策が考えられるのでしょうか

A ① 国家公安委員会や警察庁が公表する資料によれば、在留外国人による預貯金口座不正譲渡の実例は多いものと考えられます。

② 預貯金口座を第三者に利用させたり譲渡したりする行為は犯収法に違反し、1年以下の懲役もしくは100万円以下の罰金を科される可能性があります。

③ 預貯金口座の不正譲渡や不正送金は犯罪であり決して加担しないこと、違反した場合の具体的刑期・罰金額、帰国時に必ず預貯金口座の解約を行うことなどを明記したパンフレットを作成・配布することも有用です。

解説

1 預貯金口座の不正譲渡の実態

預金約款等において、預貯金者に対し、在留期間経過時や帰国時に預貯金

口座を解約するよう義務付けるとしても（**Q30**参照）、現実には、すべての在留外国人の預貯金者が帰国前に積極的に解約手続をとることは必ずしも期待できず、実際には、在留外国人の在留期間が満了した後も、その預貯金口座が解約されないまま残存している例は少なくなく、さらにいえば、当該預貯金口座が不正に譲渡され、不正な利用に供されている実態があるとも指摘されています。

　例えば、国家公安委員会が2018年12月に公表した犯罪収益移転危険度調査書[1]においては、預貯金口座が悪用された事例として、

・本国に帰国した外国人や死者の口座について、解約手続等の措置をとることなく利用し、詐欺や窃盗等の犯罪による収益を収受または隠匿した事例（同21頁）

・帰国したベトナム人から有償で譲り受けた口座に、複数の顧客から依頼を受け、不法に海外送金をするための現金を振り込ませていた事例（同23頁）

等が挙げられています（**Q11**、**Q18**参照）。

　また、警察庁が2019年3月に公表した「平成30年におけるサイバー空間をめぐる脅威の情勢等について」[2]によれば、不正送金の一次送金先として把握した562口座のうち、名義人の国籍はベトナムが約62.8％を占め、次いで日本が約14.8％、中国が約13.3％であったとのことです（同9頁）。金融庁も、帰国する外国人が犯罪行為であるとの認識が薄いまま、小遣い稼ぎのために預貯金口座を譲渡する事例が多発していることを指摘しています[3]。さらに、報道等によれば、その背景として外国人留学生や技能実習生が、帰国前に、自身の開設した預貯金口座を譲渡して換金する行為が横行している実態があるとされています[4]。

　より具体的には、西日本新聞が2018年12月、外国人による口座売買につい

1　前掲**Q11**脚注3。

2　https://www.npa.go.jp/publications/statistics/cybersecurity/data/H30_cyber_jousei.pdf

3　前掲**Q10**脚注3・4頁。

て、大手銀行や九州の地銀、信用金庫の計22社に対しアンケートしたところ
（そのうち20社が回答）、11社が口座売買が疑われる事案があったと回答し、
10社は不正利用のおそれがあるとして口座開設を拒否したことがありまし
た。また、ある地銀では、犯罪に使われた口座を凍結したケースが2014～16
年度は7～40件でしたが、2017年度は約70件に増加し、2018年9月からは、
日本語で意思疎通ができなかったり、複数の口座を持っていたりする場合は
開設を拒否しています[5]。

2　預貯金口座の不正譲渡はどのような犯罪に該当するのか

　以上のような預貯金口座の不正譲渡はどのような犯罪に該当するのでしょ
うか。

⑴　預貯金口座開設の当初から口座を第三者に利用させたり譲渡したりする意図を有している場合

　預貯金口座を第三者に利用させたり譲渡したりする意図を隠して口座を開
設することは、金融機関をだまして預貯金口座を開設した上で、預貯金通帳
やキャッシュカードを取得したことになり、詐欺罪に該当する可能性があり
ます。通帳やキャッシュカードは、銀行と取引できる資格を示すものであ
り、これを金融機関からだまし取ることは、他人から財産的価値のあるもの
を不法に領得する行為であると評価でき、10年以下の懲役を科される可能性
があります（刑法246条1項）。

⑵　預貯金口座を開設した後に口座を第三者に利用させたり譲渡したりする場合

　相手方に、他人になりすまして金融機関との間における預貯金契約に係る

4　一例として、2017年5月31日付日本経済新聞電子版「外国人の口座売買が横行　留学
　生や技能実習生」（https://www.nikkei.com/article/DGXLASDG30H6E_R30C17A5
　CC0000/）。

5　2019年1月20日付西日本新聞朝刊「外国人の口座売買、犯罪に悪用　後絶たず　対策
　強化「差別」懸念も　金融機関、対応に苦慮」（https://www.nishinippon.co.jp/item/
　n/480560/）。

役務の提供を受けたり、他人にその提供を受けさせたりする意図があること
を知りながら、その者に預貯金通帳等を譲り渡すことは犯罪であり、1年以
下の懲役もしくは100万円以下の罰金を科される可能性があります（犯収法
28条2項）。

3　預貯金口座の不正譲渡が犯罪であることを知らせるパンフレットの作成・配布

　Q10において、金融機関に対しては、従来以上に積極的に、在留外国人
が、金融サービスを円滑に利用することができるよう、例えば、窓口業務に
おいて多言語対応を講じるといった対応が求められることを指摘しました。
多言語対応を段階的に進めるにあたり、まずは重要事項に絞って多言語で記
載されたパンフレット等を作成して預貯金口座開設時に配布し、日本語や英
語などで説明することも有用です。

　とりわけ組織犯罪等に利用されることを防止するという観点から、
① 　預貯金口座の不正譲渡や不正送金は犯罪であり決して加担しないことお
　よび違反した場合の具体的刑期・罰金額。
② 　帰国時に必ず預貯金口座の解約を行うこと。
を明記したパンフレットを作成・配布することも有用です。総合的対応策[6]
11、12頁においても、新たな在留資格を有する者等が預貯金口座を開設でき
るよう多言語対応の充実など在留外国人の利便性向上に向けた取組みや、こ
うした取組みについて、金融機関において、パンフレットの配布等を通じて
その内容を周知するとともに、ガイドラインや規定の整備に取り組むことが
推奨されています。

　各言語における上記①の具体的文言の例として、埼玉県警察本部が作成し
たチラシ（日本語版、英語版、中国語版、ベトナム語版、多言語版）の文言が参
考になります。**図表17－1～5**に当該チラシを添付しましたので、参照して

6　前掲Q9脚注2。

第3章　在留外国人との間の預貯金取引の開始　85

ください。

4 犯収法の制定経緯

2001年9月11日に発生したアメリカ同時多発テロ事件を受け、日本も同年10月、金融機関による顧客の本人確認等の措置が要請される「テロリズムに対する資金供与の防止に関する国際条約」に署名しました。また、近年の麻薬や銃器等犯罪の増加により、マネー・ローンダリング対策が国際的な課題となりました。そこで、これに対応するため、2003年1月6日に金融機関等による顧客等の本人確認等に関する法律が施行され、さらに、2004年12月に、預金口座等の不正利用を防止するための改正が行われ、金融機関等による顧客等の本人確認等及び預金口座等の不正な利用の防止に関する法律（以下、本設問において「本人確認及び口座等不正利用防止法」といいます）に改められました。

本人確認及び口座等不正利用防止法は、金融機関の顧客管理体制の整備を促進することで、捜査機関によるテロ資金や犯罪収益等の追跡のための情報を確保し、金融機関がテロ資金供与やマネー・ローンダリング等に利用されることを防ぐことなどを目的としていました。その後、2008年3月1日に犯収法が施行されたことで、本人確認及び口座等不正利用防止法に規定されていた事項は犯収法に集約され、本人確認及び口座等不正利用防止法は廃止されました。

図表17－1　埼玉県警察本部　口座（キャッシュカード・通帳）譲渡禁止チラシ
　　　　　（日本語版）

https://www.police.pref.saitama.lg.jp/e0120/kouzabaibai.html

第3章　在留外国人との間の預貯金取引の開始　87

図表17－2　埼玉県警察本部　口座（キャッシュカード・通帳）譲渡禁止チラシ（英語版）

https://www.police.pref.saitama.lg.jp/e0120/documents/kouzabaibaieng.pdf

図表17－3　埼玉県警察本部　口座（キャッシュカード・通帳）譲渡禁止チラシ
（中国語版）

https://www.police.pref.saitama.lg.jp/e0120/documents/kouzabaibaichin.pdf

第3章　在留外国人との間の預貯金取引の開始　89

図表17－4　埼玉県警察本部　口座（キャッシュカード・通帳）譲渡禁止チラシ（ベトナム語版）

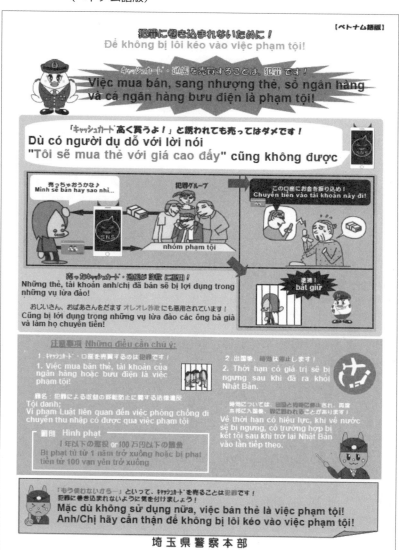

https://www.police.pref.saitama.lg.jp/e0120/documents/kouzabaibaiviet.pdf

図表17－5　埼玉県警察本部　口座（キャッシュカード・通帳）譲渡禁止チラシ
　　　　　（多言語版）

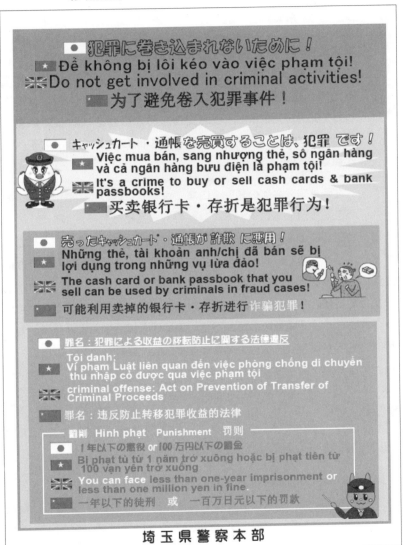

https://www.police.pref.saitama.lg.jp/e0120/documents/kouzabaibai.pdf

18 預貯金口座の利用形態と疑わしい取引の届出

Q 当行に開設された在留外国人名義の預金口座において、断続的に、個人名義の振込がなされている状況が見受けられるため、当該口座に係る取引について、行政庁に対し、疑わしい取引の届出を行う必要があるか否かを検討しています。顧客が在留外国人であることに関し、とくに留意すべき点はありますか

A 在留外国人名義の預貯金口座について、疑わしい取引の届出の要否を検討するにあたっては、犯罪収益移転危険度調査書[1]の内容や、取引時確認により得られた情報（取引目的等）、取引の態様等を総合して判断することが必要です。そして、預貯金口座開設の目的が給与の受取口座や生活口座であるとすれば、断続的に個人名義の振込がなされている状況は、当該目的に整合しない面があります。個人名義でなされている入金額の頻度や多寡のほか、その他の口座が不正に譲渡され第三者により使用されている可能性をうかがわせる事情の有無等を検証し、疑わしい取引の届出の要否を検討する必要があるでしょう。

解 説

1 犯収法に基づく疑わしい取引の届出制度

(1) 疑わしい取引の届出義務

銀行等の金融機関は、犯収法上の特定事業者として、一定の場合に、疑わしい取引の届出義務を負っています（犯収法8条）。すなわち、①取引におい

---

1 前掲Q11脚注3。

て収受した財産が犯罪による収益である疑いがあるかどうか、または、②顧客等が、取引に関し、組織的な犯罪の処罰及び犯罪収益の規制等に関する法律（以下、本設問において「組織犯罪処罰法」といいます）10条の罪もしくは国際的な協力の下に規制薬物に係る不正行為を助長する行為等の防止を図るための麻薬及び向精神薬取締法等の特例等に関する法律（以下、本設問において「麻薬特例法」といいます）6条の罪に当たる行為（犯罪収益等の隠匿行為）を行っている疑いがあるかどうかを判断し、かかる疑いがあると認められる場合には、速やかに、行政庁に届け出ることが必要です（犯収法8条1項）。

　この点、上記①の「犯罪による収益」は、組織犯罪処罰法2条4項に規定される犯罪収益等または麻薬特例法2条5項に規定する薬物犯罪収益をいうものと定義されており（犯収法2条1項)、上記②の場合も、これらの法律に定義されている犯罪収益等を隠匿する行為が疑われる取引を対象とするものです。そのため、同法の規定する疑わしい取引に該当するか否かを厳密に考えるとすれば、顧客の預貯金口座がどのような犯罪行為に関連するのかを具体的に判断する必要がありそうです。もっとも、金融機関が、疑わしい取引の届出の要否を検討する場面において、顧客との預貯金取引について、取引態様等の客観的事情だけから、具体的な犯罪の態様についてまで判断することは現実的ではなく、遺漏なく義務を履行するという観点からは、より抽象的に、預貯金口座に係る取引が、何らかの犯罪に利用されている可能性がないか、というレベルの検討をするのが実践的な対応でしょう。

(2) 「疑い」の有無の判断

　その上で、いかなる事情があれば、犯収法の規定する「疑いがある」と判断すべきかについては、画一的な基準が存在するわけではなく、金融機関は、一般的な知識・経験に基づいて、個々の預貯金口座が犯罪に利用されている疑いの有無を判断することになります。

　一方、犯収法は、疑わしい取引の届出の要否を判断する枠組みについて一定の規定を設けているところ、取引時確認の結果、取引の態様その他の事情や犯罪収益移転危険度調査書の内容を勘案した上、**図表18**の項目に沿って判

図表18　疑わしい取引の該当性判断における確認項目

①	（当該金融機関が）他の顧客等との間で通常行う取引の態様との比較。
②	（当該金融機関が）当該顧客との間で行った過去の取引態様との比較。
③	取引時確認の結果その他の（当該金融機関が）当該取引時確認の結果に関して有する情報との整合性。

断しなければならないとしています（同法8条2項、犯収規則26条）。

　以上から、金融機関としては、犯罪収益移転危険度調査書において指摘されている預貯金口座に関する犯罪利用等の形態（外国人名義の口座に関する指摘については後記2のとおりです）を念頭に置いた上、**図表18**の①から③の項目から、当該預貯金口座について、疑わしい取引の届出の要否を検討することになります。具体的に、どのような顧客の属性、取引形態等がみられる場合に、疑わしい取引の届出を要するかということについては、金融庁の公表する「疑わしい取引の参考事例（預金取扱い金融機関）」[2]を参照することができます。口座の利用形態についていえば、入出金の頻度、金額、継続性、口座開設時に確認した取引目的や職業と取引態様との関係、入出金の相手が多数であるか否かという点などが着目されており、金融機関における判断に際しては、これらの要素を基本的な着眼点とすべきでしょう。

2　在留外国人との取引における疑わしい取引への該当性の判断に関する着眼点

　前述の一般論を踏まえ、顧客が在留外国人である場合における疑わしい取引への該当性の判断に関する留意点について、以下に解説します。

　預貯金者が在留外国人であるという事実だけを単体でみれば、取引に関して収受される金銭が犯罪収益等である疑いがあるか否かの評価を左右するものではありません。もっとも、疑わしい取引への該当性を判断する際には、

2　https://www.fsa.go.jp/str/jirei/index.html

在留外国人名義の預貯金口座であるという事実を、犯罪収益移転危険度調査書の評価を踏まえ、顧客に関する情報と取引形態等とを相関的に考慮する必要があります。

　そして、犯罪収益移転危険度調査書21頁においては、外国人名義の預貯金口座が悪用された事例として、本国に帰国した外国人の口座を利用し詐欺や窃盗等の犯罪による収益を収受し、または隠匿した場合や、帰国した外国人から有償で譲り受けた口座を不法な外国送金を行うために利用していた場合等が挙げられています（Q11参照）。その背景には、在留外国人が帰国するに際し、日本における生活口座や給与受取口座として利用していた預貯金口座が、その目的を失い不要となるため、第三者に不正に譲渡される事態が起こりやすいという実態があると考えられます。したがって、在留外国人名義の口座については、かかる不正譲渡等が行われ、第三者により犯罪に利用されていることを示す徴候が生じていないかということに留意する必要があります。

　取引時確認の結果や顧客に関する情報と取引形態の整合性という観点からみれば、在留外国人による預貯金口座の開設の目的は、主に、勤務先からの給与受取りや生活口座であることが想定されます。金融機関は、口座開設時に、取引時確認の結果として、かかる取引目的の申告を受けているはずですし、日本における勤務先企業についても届出を受けることが通常でしょう。そうすると、銀行の保有する情報に基づく限り、勤務先からの給与振込のほかには、継続的な振込がなされる理由は通常は想定されないと考えられ、取引形態がこれと整合するかという観点から検証がなされるべきといえます。具体的には、関係性が不明の個人名義の入金が継続してなされるようになったり、従前は継続していた勤務先からの給与振込や、家賃・水道光熱費等の引落しが行われなくなったりするような場合は、本来の取引目的に整合しない状況が生じている場合の典型例といえます。これに、金融機関の把握している在留期間の満了が迫っている、あるいは既に在留期間が満了している、といった事情が付加される場合には、口座が不正に譲渡されている可能性が

第3章　在留外国人との間の預貯金取引の開始　95

より高まることになります。さらに、多額の出入金が頻繁に行われる、多数の者に対する頻繁な送金がなされるといった状況があるとすれば、振り込め詐欺等の犯罪に使用される口座にみられる特徴の1つであり、このような場合は、当該口座が犯罪利用に供されていることを強く疑うべきでしょう。

　以上の点に留意した上で、疑わしい取引に該当すると判断した場合には、在留期間満了の前後を問わず、届出を行うことが必要となります。

　なお、預貯金口座が犯罪等に利用されている疑いがある場合には、一般的な預金規定等に設けられている「預金が法令や公序良俗に反する行為に利用され、またはそのおそれがあると認められる場合」といった条項に基づき、当該預貯金口座を強制解約することも検討すべきです（**Q28**参照）。

19　在留外国人の勤務先との連携

Q

在留外国人が給与の振込先とすることを目的に預貯金口座の開設を申し込んできました。この場合に開設した預貯金口座を適切に管理するという観点から、当該外国人の勤務先と何か連携を図るということはありうるでしょうか。また、仮に勤務先と連携を図る場合には、具体的にどのような連携方法がありうるでしょうか

A　預貯金口座の適切な管理という観点からは、在留外国人の勤務先との間で、勤務先から当該外国人の在籍確認への回答や給与額や離職の報告を受けられるような連携態勢を構築しておくことが望ましいといえます。ただし、このような連携は勤務先の保有する個人情報（データ）の第三者提供となりますので、金融機関および勤務先の両者において、個人情報の保護に関する法律（以下、本設問において「個人情報保護法」といいます）違反が生じることがないよう留意すべきこととなります。

・・・

解 説

1　連携の可能性

　総合的対応策[1]は、金融機関に対して、新たな在留資格を有する者および技能実習生が円滑に口座を開設できるよう要請するのみならず、それら在留外国人の受入れ機関としての企業（以下、本設問において「勤務先」といいます）に対しても新たな在留資格者および技能実習生が金融機関において円滑に口座を開設できるように必要なサポートを行うことを求めています（同12

―――――――――――

1　前掲Q9脚注2。

第3章　在留外国人との間の預貯金取引の開始　97

頁）。

　また、支援省令は、勤務先に対して、在留外国人に対する給与の支払方法を原則として外国人の指定する当該外国人の預貯金口座への振込とするよう求め（2条1項12号）、さらに、預貯金口座の開設に必要な契約に係る支援まで要請しています（3条1項1号ハ）。

　このように、勤務先としても、雇用する在留外国人の預貯金口座の開設に無関心でいることは許されませんので、日本で就労する在留外国人による預貯金口座の開設申込みに際して、当該在留外国人の勤務先と連携するということは十分にありうるところであり、むしろ開設した預貯金口座を適切に管理するという観点から必要となる連携は積極的に実施していくことが望ましいといえます。

2　連携の在り方

⑴　預貯金口座開設時における連携

　給与の振込先を目的とする預貯金口座開設に際しては、就労の認められる在留資格（または在留資格が留学生の場合における資格外活動許可）の有無を在留カードの記載（2012年7月9日以降に中長期在留者に対して交付される在留カードの裏面には、資格外活動許可を受けている場合にその許可の要旨が記載されています）から確認すべきこととなります（Q15参照）。この際、偽造された在留カードを用いた預貯金口座の不正取得を防止する観点からは、勤務先として申告された事業者が実在するか、また、実在するとして、その事業者に申込者が実際に在籍しているのか確認すべきこととなります。後者の確認方法としては、社員証や雇用契約の存在を示す契約関係書類の提示を受ける等がありえますが、これらについてもまた偽造の可能性は否めないところであり、在籍確認の方法としては、勤務先に対して金融機関が直接照会するというのがより確実であると考えられます。

　また、在留外国人に対する預貯金口座の譲渡が犯罪に該当することの説明や在留期間満了後に預貯金口座の利用を認めない場合に、その旨の事前説明

も勤務先において重ねて実施してもらうといった対応も望ましいところです。

(2) 期中管理・出口管理における連携

預貯金口座の不正使用を防止する観点からは、在留期間の満了に際して預貯金口座が利用できなくなるよう、取引停止措置、解約または預貯金者本人に解約を促す等の対応を取るべきこととなりますが、これらの対応を実効的なものとするには、在留期間の変更の有無についても適切に把握できることが前提となります。

また、期中管理（**Q26**参照）において、給与の振込としては不自然な金額の入金が認められたり、数カ月にわたり入金のないことが認められたりした場合、預貯金口座が実際に給与の振込先として利用されているかについて疑義が生じたり、当初の勤務先から既に離職していることが疑われたりする事態もありうるところです。これらの疑義が生じた場合の事実確認の方法としても、勤務先に照会することが最も確実といえます。また、離職の場合などには勤務先から適時にその旨の報告を受けられる態勢となっていれば、不正使用のより実効的な予防が可能となります。

3 連携に際する留意点

(1) 勤務先における個人情報保護法の遵守

勤務先より在籍の有無、給与の支払の有無や額、離職等に関する情報提供を受ける場合、勤務先としては当該在留外国人に関して保有している個人情報（データ）を第三者である金融機関に提供することになります。そのため、勤務先は、事前に本人から同意を得ておく必要があり（個人情報保護法23条1項柱書）、また事後に第三者提供に関する記録を作成し保存しておかなければなりません（同法25条）。

したがって、情報提供を受ける金融機関としては、連携に際して勤務先に個人情報保護法違反が生じないよう、本人の同意取得や上記記録の作成・保存態勢について確認しておくべきこととなります。

第3章　在留外国人との間の預貯金取引の開始　99

(2) 金融機関における個人情報保護法の遵守

他方、個人情報の提供を受ける金融機関としては、当該在留外国人の氏名、住所および勤務先による当該個人データの取得経緯を確認の上、記録を作成し保存しておかなければなりません（個人情報保護法26条1項・3項・4項）。また、預貯金口座の適切な管理という個人情報の利用目的については、事前に公表しておくか、事後に本人に通知することが必要となります（同法18条1項。なお、この通知は原則として書面ですることが求められています（金融分野における個人情報保護に関するガイドライン8条1項））。

勤務先との連携においては、情報提供を受ける金融機関としても上記の各要請を遵守しなければならないこととなります。

(3) 実務対応案

在留外国人に対する預貯金口座の開設にあたり、その勤務先に連携を求める金融機関としては、まず、勤務先による金融機関に対する当該在留外国人の在籍、給与支払の有無、給与額、離職等に関する情報提供について、当該在留外国人が勤務先に対して同意している事実を確認しておくべきことになりますが、その方法としては、当該在留外国人から勤務先に対して同意書を提出するようにしてもらい、その同意書の存在を確認しておくという方法がありえます（後日の紛争に備えるという観点からは同意書の写しを徴求しておくことが有用です）。

勤務先において、上記のような同意書を徴求していないような場合には、預貯金口座の開設を申し込んでいる在留外国人、その勤務先および預貯金口座の開設を求められている金融機関の三者間で覚書を交わしておくという対応がありえます。三者間で覚書を作成する場合には、勤務先が当該在留外国人の給与や勤務実態に関する金融機関からの照会に対して適時に回答する旨および勤務先による金融機関への情報提供に当該在留外国人が同意していることを最低限明記すべきことになります。さらに情報提供を受けた金融機関は提供を受けた情報の利用目的が預貯金口座の適切な管理の点にある旨まで明記しておくようにすれば、勤務先と金融機関それぞれの記録の作成・保存

義務を除く要請は充足されることになります（個人情報保護法に関連するものに限らず、当該在留外国人が預貯金口座の譲渡が犯罪であることを承知していることまで明記すれば、預貯金口座の転売防止策ともなりえます）。

　仮に、勤務先が上記の覚書の作成に応じない場合、金融機関としては、金融機関が勤務先に対して情報照会することおよび勤務先がこれに回答することについて異存がないことを当該在留外国人に確認しておけば、当該在留外国人が勤務先に対してもその情報提供について同意しているものと推認できます。したがって、最低限、そのような確認はしておくべきと考えられます（この確認を書面でしておくことや、同書面にも、情報提供を受けた金融機関の利用目的や預貯金口座の譲渡が犯罪であることまで明記しておくことが有用であることはもちろんです）。

20 第三者たる支援者による在留外国人の預貯金口座開設申込みへの対応

Q

以下の場合に、金融機関としては、どのような点に留意して対応すべきでしょうか

① 在留外国人のＡさんの勤務先担当者と称するＢさんから、Ａさんの給与振込用の預貯金口座開設の申込みを受けた場合

② 在留外国人のＣさんから預貯金口座開設の申込みを受けました。Ｃさんは日本語があまり得意ではないということで、Ｃさんの知人のＤさんが通訳として同行している場合

A

本設問①について、在留外国人の代理人による預貯金口座開設にあたっては、申込者が日本人である場合と同様に、申込者本人の本人確認だけでなく、代理人の本人確認や代理権の確認を行う必要があります。もっとも、在留外国人の預貯金口座開設にあたっては、在留カードの原本による取引時確認を行うべきですので、在留外国人本人による手続を求めるべきです。

本設問②について、通訳である付添人を介して預貯金口座開設に係る説明等を行う場合には、適切な通訳がなされたといえる状況を担保するため、付添人の氏名や住居、生年月日、連絡先、申込者との関係性等を確認することが有用といえます。

・・・

解説

1 在留外国人の預貯金口座開設を援助する取組み

入管法改正による「特定技能１号」「特定技能２号」の創設などにより、

102

今後、在留外国人の増加が見込まれています。そして、在留外国人が日本で生活をするにあたっては、給与の受領や公共料金の支払等の様々な場面において金融機関の預貯金口座を利用する必要性が生じることから、在留外国人の預貯金口座開設の需要も今後より高まっていくと予想されます（Q10参照）。一方で、在留外国人にとっては、預貯金口座の開設に際して窓口における日本語での説明や日本語の預金規定等の内容を十分に理解することは必ずしも容易ではなく、預貯金口座開設の申込みを躊躇する場面も想定されるところです。実際に、金融庁は、在留外国人の受入れに関わる事業者等に対し、預貯金口座開設のための支援を要請するなど[1]、在留外国人の預貯金口座開設に向けた取組みを求めています。

このような状況において、今後は、在留外国人が日本の金融機関において預貯金口座開設を申し込むに際して、勤務先の担当者や、預貯金口座開設を援助する民間事業者が、本人に代わって手続を行う場面や、預貯金口座開設の申込みに付き添う場面など、在留外国人の預貯金口座開設を援助する取組みが増加すると考えられます。

2 代理人による預貯金口座開設申込みへの対応

代理人による預貯金口座開設の申込みがあった場合の金融機関の対応について、申込者が日本人であるか外国人であるかにより異なる対応が求められるわけではありません。

代理人による預貯金口座開設にあたっては、申込者本人の本人確認（Q14参照）に加えて、代理人の本人確認（犯収法4条4項）や本人作成の委任状による代理権の確認などを行うことになります。その際、提出された書類のみでは本人の意思確認が不十分であると思料する場合には、電話や書状、訪問等により本人の十分な意思確認を行う必要があります。

もっとも、在留外国人の預貯金口座開設に際しては、申込者本人による預

---

1 金融庁「外国人の受入れ・共生に関する金融関連施策について」（https://www.fsa.go.jp/news/30/20190411/20190411.html）。

第3章 在留外国人との間の預貯金取引の開始 103

貯金口座開設を求めるべきです。在留外国人の預貯金口座を開設するにあたっては、在留カードの原本による取引時確認を行うべきところ（Q15参照）、在留カードは、在留外国人に常時携帯義務が課されていますので（入管法23条2項）、申込者本人が窓口に来なければ在留カードの原本を確認することができません。したがって、金融機関としては、申込者本人による預貯金口座開設を求め、在留カードの原本による取引時確認を行うべきといえます。

3　付添人

　預貯金口座開設にあたって、勤務先の担当者などが付添人として窓口に同行した場合の金融機関の対応についても、基本的に、申込者が日本人であるか在留外国人であるかにより異なる対応が求められるわけではありません。

　ただし、当該付添人を通訳として本人の意思確認などを行う場合には、注意が必要です。預貯金口座を開設した場合、通常、口座名義人は預金規定等に従うこととなりますが、申込者である在留外国人が預貯金口座開設に際しての日本語による説明や日本語の預金規定等を十分に理解することができていなかった場合に、日本人の場合と同様に日本語の預金規定等の効力が及ぶかについては、疑義がありうるところです。そのため、通訳を介して預金規定等の説明を行い、その内容について当該在留外国人の理解を得ながら口座開設の手続を進めていくことは有用といえます。一方で、このように通訳を介して本人の意思確認等を行う際には、適切な通訳がなされたといえる状況を担保するため、申告や付添人の在留カードにより、付添人の氏名や住居、生年月日、国籍、連絡先、申込者との関係性（夫婦、親類、知人等）などを確認することが有用といえます。

21 未成年者からの預貯金口座開設申込みへの対応

Q 中国の成年年齢は18歳、インドネシアの成年年齢は21歳と聞きましたが、以下の場合、成年か否かはどのように判断されるのでしょうか

① 中国人のAさん（19歳）から預貯金口座開設の申込みがあった場合

② インドネシア人のBさん（20歳）から預貯金口座開設の申込みがあった場合

A ①日本法では未成年であるAさん、②インドネシア法では未成年であるBさん、いずれの場合であっても、日本における預貯金契約の締結においては成年として扱われます（本設問では、日本の成年年齢が20歳であることを前提にしています）。

もっとも、本設問①の場合のように、本国法において成年であるが、日本法において未成年であるという場合に、在留外国人と預貯金契約を締結するにあたっては、金融機関は、各国の正確な成年年齢を把握し、これを営業店に周知するなどの措置を講じることが望ましいです。

・・

解説

1 未成年者の法律行為

未成年者が、その親などの法定代理人の同意なく法律行為をした場合、原則として、未成年者はその行為を取り消すことができます（現行民法5条2項・1項）。預貯金契約の締結も法律行為ですので、上記取消しのリスクを回避するため、実務上は、預貯金契約の締結に際して親など法定代理人の同意を必要としているのが通常です。もっとも、預貯金取引に関しては、金融

第3章 在留外国人との間の預貯金取引の開始 105

機関は債務者の立場であるため、上記取消しにより経済的損失が生じるリスクは限定的であると考えられます。

2　準 拠 法

在留外国人が成年であるか否かは、原則として、その者の本国法（当該在留外国人が国籍を有する国の法律等）によります（通則法４条１項）。ただし、日本における法律行為については、当該法律行為をした在留外国人が、本国法によると未成年であったとしても、日本法によれば成年であるときは、成年であるとみなされます（通則法４条２項）。同項は、成年であるか否かを常に本国法によるものとすると、取引の度に相手方の本国法による成年年齢を確認する必要が生じることから、このような事態を避け、取引の安全を図るために設けられた規定です。

本設問について検討すると、本設問①の場合には、中国人のＡさん（19歳）は、本国法である中国法（成年年齢18歳）に従えば成年ですので、日本法（成年年齢20歳）では未成年であっても、成年として扱われます（**図表21**(c)）。本設問②の場合には、インドネシア人のＢさん（20歳）は、インドネシア法（成年年齢21歳）に従えば未成年ですが、本件預貯金口座開設の申込みは日本における法律行為であり、Ａさんは日本法（成年年齢20歳）に従えば成年ですので、日本の法律に従い成年であるとみなされます（**図表21**(b)）。

図表21　日本における法律行為に係る通則法４条の適用

	日本法において未成年	日本法において成年
本国法において未成年	(a)未成年（通則法４条１項）	(b)成　年（通則法４条２項）
本国法において成年	(c)成　年（通則法４条１項）	(d)成　年（通則法４条１項）

3　金融機関の実務対応

上述のとおり、日本における預貯金口座開設に際して、申込者が、日本法

において成年である場合には、本国法の定めにかかわらず、成年として扱われることになります（**図表21**(b)、(d)）。そして、申込者が日本法の成年年齢に達しているか否かは、在留カードなどの本人確認書類により正確に確認することができます。

また、申込者が、本国法において成年である場合にも、日本法の定めにかかわらず、成年として扱われることになります（**図表21**(c)、(d)）。しかし、本国法において成年であるが、日本法において未成年であるという場合（**図表21**(c)）には、金融機関は、申込者の年齢だけでなく、本国法の成年年齢を確認する必要があります。すなわち、申込者が本国法の成年年齢に達していることを前提として預貯金口座を開設したところ、実際には本国法の成年年齢はより高く、申込者は本国法の成年年齢に達していなかったという場合（**図表21**(c)を前提に預貯金口座を開設したところ、実は**図表21**(a)であった場合）には、金融機関は、上記未成年者との取引に係る取消しのリスクを負いかねません。そのため、金融機関としては、このようなリスクを回避するために、各国の成年年齢を正確に把握する必要があります。もっとも、日本がそうであるように、成年年齢は立法により変わりうるものであり、営業店ごとに各国の成年年齢を正確に把握することは容易ではありません。したがって、実務対応としては、本部の担当部署において、在留外国人からの預貯金口座開設の申込みが多く予想される国について優先的に、大使館や領事館に問い合わせるなどして本国法における成年年齢を把握し、各営業店に周知するなどの措置を講じていくべきといえます。

4　成年年齢の引下げ

現在、日本における成年年齢は20歳ですが（民法の一部を改正する法律（平成30年法律第59号）による改正前の民法4条）、2022年4月1日より、成年年齢が18歳になります（民法の一部を改正する法律（平成30年法律第59号）による改正後の民法（以下、本設問において「平成30年改正民法」といいます）4条）。

法務省の調査によれば、2008年8月5日当時の世界各国の成年年齢は、お

おむね18歳から21歳の間で定められています[1]。そのため、平成30年改正民法施行後は、本国法では成年であるが、日本法では未成年であるという例（**図表21**(c)）は減少すると考えられます。

5　各国の成年年齢

各国の成年年齢（2008年8月5日時点）について、日本における外国人労働者の割合の多くを占める国を例に挙げると[2]、中国が18歳、ベトナムが18歳、フィリピンが18歳、ブラジルが18歳、ネパールが16歳、インドネシアが21歳、ペルーが18歳となっています[3]。韓国は2013年7月1日より、19歳が成年年齢となっています[4]。

6　制限行為能力者

未成年者だけでなく、被後見人、被保佐人、被補助人といった制限行為能力者を相手方とする取引についても、取引がいつでも取り消されるおそれがあります（現行民法9条、13条4項、17条4項）。日本の裁判所は、在留外国人につき後見開始の審判等をすることができ、当該審判により当該外国人の行為能力は制限されることになります（通則法5条）。本国法による行為能力の制限が日本においても効力を有するかについては、解釈にゆだねられているところですが、国内における公示の手段がないことなどから、その効力は認められないと考えることができます[5]。

1　法制審議会民法成年年齢部会「世界各国・地域の選挙権年齢及び成人年齢」第13回会議参考資料27（平成21年3月27日）（http://www.moj.go.jp/content/000012508.pdf）。
2　前掲Q1脚注6。
3　前掲脚注1。
4　藤原夏人「【韓国】成人年齢引下げ等に関する民法改正」外国の立法247巻1号。
5　小出邦夫編著『逐条解説　法の適用に関する通則法［増補版］』55頁（商事法務、2014年）。

22 外国人による預貯金契約が外為法上の資本取引に該当するか

Q 以下の外国人から預貯金口座開設の申込みを受けた場合に、金融機関は、預貯金契約の締結に際して、外為法上の規制を受けるのでしょうか。また、同法上の規制を受けるとして、どのような対応をすべきでしょうか
① 1カ月前に来日した特定技能外国人
② 1カ月前に来日した外国人の旅行者
③ 1カ月前に来日した外国人の留学生

A 外為法は、「資本取引」につき、報告義務などの規制を定めています。一定の要件を満たしていない外国人（非居住者）との預貯金契約に基づく預貯金取引は、「資本取引」に当たりますが、「資本取引」に当たった場合でも、同法上の許可や報告が求められる場面は、いずれも例外的な場面であり、多くの場面において同法上の報告等は不要となると考えられます。

本設問①の場合の預貯金取引は、基本的に「資本取引」に当たりませんが、本設問②の場合の預貯金取引は「資本取引」に当たると考えられます。本設問③の場合については、預貯金取引が「資本取引」に当たるか否かは、当該留学生の在留期間など具体的な事情を踏まえて判断されることになります。

解説

1 在留外国人との預貯金契約

(1) 外為法とは

外為法は、外国為替、外国貿易その他対外取引を総合的に対象とする日本

第3章 在留外国人との間の預貯金取引の開始　109

の対外取引の基本法です。具体的には、同法は、外国為替、外国貿易その他
の対外取引について基本的には自由としつつ、対外取引の正常な発展と日本
および国際社会における平和と安全を維持し、もって国際収支の均衡および
通貨の安定を図り、日本経済の健全な発展に寄与するという目的（同法1
条）のもと、必要最小限度の管理または調整として、資金決済や資金移動な
どに関する規制を定めています。

(2) 「資本取引」

外為法は、「資本取引」に係る規制を定めています。この「資本取引」と
は、同法20条各号に定める資金調達手段をいい、上述の目的から、同法上の
規制を受けます。そして、「居住者」と「非居住者」との間の預貯金契約の
締結は、「資本取引」として、同法上の規制を受けることになります[1]（同
条1号）。

日本国内に本店を置く金融機関は、基本的に「居住者」として扱われるた
め、預貯金口座の申込者が「非居住者」である場合には、当該申込者との預
貯金契約の締結は、「資本取引」として、外為法上の規制を受けることにな
ります。

そのため、預貯金契約の締結に際して、外為法上の規制を受けるか否かを
判断するにあたっては、当該預貯金口座の申込者が「居住者」であるか否か
が重要になります。

1　居住者・非居住者間の預貯金契約に係る「資本取引」とは、正確には、居住者と非居
　住者との間の預貯金契約に基づく債権の発生、変更または消滅に係る取引をいいます
　（外為法20条1号）。
　　預貯金契約は基本的には要物契約（物の交付が契約成立の要件となる契約）とされて
　いることから（現行民法666条1項、587条）、預貯金契約が成立するためには金銭等が
　金融機関に交付されることが必要です。この交付により預貯金者は金融機関に対して預
　貯金債権を有することになりますので、預貯金契約に基づく債権の発生があったといえ
　ます。すなわち、預貯金契約の締結に際しては、金銭の交付が必要であり、当該交付に
　より預貯金者は金融機関に対して預貯金債権を有することになるため、「預貯金契約の
　締結」は、預貯金契約に基づく債権の発生に係る取引といえます。したがって、居住
　者・非居住者間の預貯金契約の締結は、基本的には居住者と非居住者との間の預貯金契
　約に基づく債権の発生に係る取引として「資本取引」に当たりますので、ここでは便宜
　上、単に「預貯金契約の締結」といいます。

なお、扶養家族の居住性は、原則として扶養者に従い判断されますので（大蔵省通達昭和55年11月29日付蔵国第4672号（以下、本設問において「大蔵省通達4672号」といいます）、預貯金口座開設の申込者が被扶養者である場合には、当該申込者との預貯金契約の締結に際して、外為法上の規制を受けるか否かを判断するにあたっては、扶養者が「居住者」であるか否かを確認する必要があります。

(3)　「居住者」（外為法6条1項5号）

　外為法上の「居住者」とは、本邦内に住所または居所を有する自然人等をいい、「非居住者」とは、居住者以外の自然人または法人をいいます（同法6条1項5号・6号）。

　当該「居住者」要件の具体的な判定基準として、大蔵省通達4672号は、外国人につき、原則として、その住所または居所を本邦内に有しないものと推定し、「非居住者」として取り扱うが、本邦内にある事務所に勤務する外国人または本邦内に入国後6カ月以上経過するに至った外国人については、その住所または居所を本邦内に有するものと推定し、「居住者」として取り扱うとしています。ただし、外国政府等の公務を帯びる者等は、上記「居住者」の判定基準を満たしても「非居住者」として取り扱われることになります（大蔵省通達4672号）。

　本設問の場合について検討すると、いずれの外国人も来日して1カ月しか経過していないので、「本邦内に入国後6月以上経過」という基準は満たしませんが、本設問①の特定技能外国人は、通常、本邦内にある事務所に勤務していますので、「居住者」として取り扱われることになります。本設問②の旅行者は、通常、上記「居住者」の要件を満たさないので、「非居住者」として取り扱われることになります。本設問③について、留学生は、各人によりその在留状況が異なりますので、その在留期間など具体的な状況を踏まえて「居住者」といえるか否か判断されることになります。

　なお、現在の実務では、預貯金口座開設の申込者が「非居住者」である場合には、預貯金口座を開設しないという取扱いも多くみられるところです

が、非居住者用の口座を用意している金融機関もあります。

⑷　「資本取引」に対する外為法上の規制

　以下では、本設問②の場合など、預貯金口座開設の申込者が「非居住者」
であり、当該申込者との預貯金契約の締結が「資本取引」に当たる場合に、
金融機関に課せられる外為法上の規制（**図表22－1**）について述べます。

　外為法は、財務大臣による資本取引の規制として、①取引前に許可を要す
るもの（許可制）、②事前に届出を要するもの（事前届出制）、③取引後に報
告を要するもの（事後報告制）の3つを定めています。このうち、預貯金契
約の締結に係る規制は、①許可制と③事後報告制です。

　外為法は、資産凍結対象者との取引など一定の場合に、資本取引を行うに
あたって財務大臣の許可を要する旨定めています（同法21条、外為令11条、平
成10年3月30日付大蔵省告示第99号（以下、本設問において「大蔵省告示99号」
といいます））。当該許可を要する場合とは、資本取引が何らの制限なく行わ
れると日本が締結した条約等を誠実に履行することを妨げる場合など、いず
れも例外的な場合です。なお、対象になる具体的な取引については、大蔵省
告示99号に定められています。

　外為法は、資本取引が行われた場合には、当該資本取引の内容等につき事
後的に財務大臣に報告する義務を定めていますが、当該報告の対象となる預

図表22－1　居住者・非居住者間の預貯金契約の締結に係る外為法上の規制

	要　否	根拠条文等
許　可	原則不要だが、資産凍結対象者との取引など一定の場合には財務大臣の許可が必要。	外為法21条、外為令11条、大蔵省告示99号。
事前届出		
事後報告	取引額が1億円相当額を超える場合は必要。	外為法55条3第1項1号、外為令18条の5第1項1号、外為報告省令5条1項1号。
本人確認義務等	必要。	外為法22条の2、18条等。

112

貯金契約は、取引額が１億円相当額を超える場合に限られます（同法55条の３第１項１号、外為令18条の５第１項１号、外為報告省令５条１項１号）。したがって、事後報告が求められる場合もあくまで例外的であるといえます。

なお、外為法は、上記の規制に加えて、金融機関に対して、資本取引を行うに際しての本人確認義務等を課しています（Ｑ14参照）。

２　所得税法上の「居住者」

上記１(3)では外為法上の「居住者」について述べましたが、所得税法においても「居住者」「非居住者」という概念が存在します。そして、外為法上の「居住者」と所得税法上の「居住者」は異なる基準（**図表22－２**）により判断されるため、注意が必要です。

所得税法上の「居住者」とは、国内に住所を有し、または現在まで引き続いて１年以上居所を有する個人をいい、「非居住者」とは、居住者以外の個人をいいます（同法２条１項３号・４号）。そして、同法は、「非居住者」に対する課税の範囲を国内源泉所得に限ることとして、「居住者」に対する課税との差異を設けています（同法７条１項３号）。なお、同法を含む税法上の「居住者」「非居住者」概念については、適用のある租税条約の内容を踏まえて検討する必要があります。

図表22－２　外為法上の「居住者」と所得税法上の「居住者」

「居住者」	外為法	所得税法
条文の文言	本邦内に住所または居所を有する自然人および本邦内に主たる事務所を有する法人。	国内に住所を有し、または現在まで引き続いて１年以上居所を有する個人。
上記文言の解釈	本邦内にある事務所に勤務する外国人または本邦内に入国後６カ月以上経過するに至った外国人（外国政府等の公務を帯びる者等を除く）等。	

第３章　在留外国人との間の預貯金取引の開始　113

23 会社設立に際する預貯金口座開設申込みへの対応

Q 在留外国人から、「起業に際して株式会社を設立する。預貯金口座を開設したい」との申込みを受けました。この場合に留意すべき点を教えてください

A 会社を設立する際には、会社を設立する前に、発起人か設立時取締役の名義の預貯金口座が必要です。開設を希望する在留外国人本人の預貯金口座を開設することが難しい場合であっても、日本に居住する事業パートナーがいれば、その預貯金口座を利用できる場合もありえます。

解説

1 事業活動には預貯金口座が不可欠

日本で就労する在留外国人が増加するにつれ、日本で起業することを希望する在留外国人も増加するでしょう。法人を設立して事業を行うにせよ、個人事業を行うにせよ、預貯金口座を利用せずに事業活動を続けていくことは現実的ではありません。

したがって、今後は、在留外国人から、生活用の預貯金口座のみならず、会社を設立するための預貯金口座や事業において利用する預貯金口座を開設したいと申込みを受ける場合が増えることも予想されます。

本設問の前提として、在留外国人からの預貯金口座開設申込みを拒否することの可否・当否に関してQ13を、在留外国人からの預貯金口座開設申込みに際する取引時確認の必要性と具体的方法に関してQ14を、それぞれ参照ください。

なお、会社法に基づく会社には、株式会社と持分会社との2つの類型があ

114

り、持分会社には、合名会社、合資会社および合同会社の3つの種類があります。本設問では、最も利用されることが多いであろう株式会社を念頭に置き、本設問における「会社」とは、以下、株式会社を指します。

2　会社を設立するための預貯金口座

(1)　会社設立の「前」に当該会社名義ではない預貯金口座が必要

会社を設立する際には、会社を設立する「前」に預貯金口座が必要です。その理由は、株式会社の設立の登記の申請において、発起設立の場合には、出資の履行としての払込み（会社法34条1項）があったことを証する書面を添付する必要があるからです。

会社は、その本店の所在地において設立の登記をすることによって成立し（会社法49条）、社会で活動できるようになります。裏を返せば、会社の登記手続が行われる前には、会社自体が成立しておらず、社会に存在すると認められませんから、金融機関において会社名義の預貯金口座を開設することができません。

したがって、会社を設立する「前」に当該会社の資本金に相当するお金を用意するための預貯金口座は、会社を設立する発起人か設立時取締役の名義である必要があります。実務上は、以下の2つの書面を併せて契印したものを「払込みがあった書面」として提出することが多いです[1]。

① 払込取扱機関に払い込まれた金額を証する書面（設立時代表取締役または設立時代表執行役が作成）。

② 払込取扱機関における発起人か設立時取締役の名義の口座の預貯金通帳の写しまたは取引明細表その他払込取扱機関が作成した書面。

(2)　会社を設立するための預貯金口座

上記(1)のとおり、会社を設立するための預貯金口座として、発起人名義か設立時取締役の名義の預貯金口座が必要ですが、在留外国人が日本に預貯金

1　法務省「外国人・海外居住者の方の商業・法人登記の手続について」（http://www.moj.go.jp/MINJI/minji06_00104.html）。

第3章　在留外国人との間の預貯金取引の開始　115

口座を開設するには一定の制限があります。すなわち、現在の実務では、預貯金口座開設の申込者が外為法上の「非居住者」である場合には、預貯金口座を開設しないという取扱いも多くみられるところです（**Q22**参照）。

(3) 日本に居住する事業パートナーの確認

在留外国人が日本で会社を設立しようとする場合、日本に居住する事業パートナーがいれば、その事業パートナーに会社の設立直後の取締役になってもらい、その事業パートナーの個人口座を利用して会社を設立してから取締役を交代する方法ですと、スムーズに会社を設立することができます。また、取締役は複数でもよいですから、取締役のうちの1名が預貯金口座をすぐに開設することができる場合には、まずはその取締役の預貯金口座を利用するという方法をとることもできます。

したがって、金融機関の担当者から、会社の設立を希望している在留外国人に対し、日本に居住する事業パートナーの存在や、その事業パートナーの預貯金口座を利用できるかを確認することも有用です。

(4) 預貯金口座開設のための必要書類

在留外国人が日本で預貯金口座を開設する際に金融機関が確認する書類に関して**Q14**を参照ください。

本設問では、「起業に際して株式会社を設立する。預貯金口座を開設したい」との申込みを受けています。在留外国人が日本において、事業を起こし、その経営または管理に従事する場合については、該当する在留資格として「経営・管理」の在留資格が考えられます（**Q1・図表1**参照）。本設問の預貯金口座の開設に際しては、在留カードに「経営・管理」の在留資格が記載されていることを確認してください。

3　会社を設立した「後」の預貯金口座の開設

(1) 会社名義の預貯金口座

会社を設立した「後」は、会社の名義で事業活動をすることができるようになりますから、それに伴い、会社名義の預貯金口座を開設することができ

ます。上記1(1)で説明したように、法務局で登記されることで、会社が社会で活動できる存在として認められ、会社自体の活動ができるようになったからです。

(2) 会社名義の預貯金口座の開設に必要書類

会社名義の預貯金口座を開設するには、その会社が登記されたものであることを確認するための書類が必要です。具体的には、以下のとおりです。

① 会社の商業登記事項証明書[2]

② 会社の定款（認証を受けたもの）

③ 代表取締役の印鑑証明書

④ 法務局に届け出た代表取締役の印鑑

⑤ 金融機関との取引に使用する印鑑

⑥ 身分証明書

4 新たな定款認証制度[3]

2018年11月30日から、13条の4が新設された改正公証人法施行規則が施行されたことにより、定款認証の方式が変わりました。新たな認証制度の対象法人は、株式会社、一般社団法人、一般財団法人です[4]。

この改正は、法人の実質的支配者を把握することなどにより、法人の透明性を高め、暴力団員および国際テロリスト（以下、本設問において「暴力団員等」といいます）による法人の不正使用（マネー・ローンダリング、テロ資金供与等）を抑止することが国内外から求められていることを踏まえての措置で

---

2 設立登記手続を申請してからおおむね1〜2週間後に取得することができるようになります。

3 日本公証人連合会「新たな定款認証制度について」（http://www.koshonin.gr.jp/pdf/teikan_pamphlet.pdf）。

4 公証人法施行規則が改正される前段階として、商法および民法の学者、弁護士、司法書士の有識者による研究会が法務省民事局長によって立ち上げられ、2018年2月27日、「株式会社の不正使用防止のための公証人の活用に関する研究会〜有識者による議論のとりまとめ〜」が公表された（http://www.moj.go.jp/MINJI/minji03_00050.html）。これについて、高橋泰史「株式会社の不正使用防止制度と金融機関の「実質的支配者」の確認」銀行実務710号32頁以下が詳しい。

第3章 在留外国人との間の預貯金取引の開始　117

あり、具体的な改正点は以下のとおりです。

① 定款認証の嘱託人は、法人成立の時に実質的支配者となるべき者について、その氏名、住居、生年月日等と、その者が暴力団員等に該当するか否かを公証人に申告します。

② 申告された実質的支配者となるべき者が暴力団員等に該当し、または該当するおそれがあると認められた場合には、嘱託人または実質的支配者となるべき者は、申告内容等に関して公証人に必要な説明をします。

③ ②による説明があっても、暴力団員等に該当する者が実質的支配者となる法人の設立行為に違法性があると認められる場合には、公証人は、認証をすることができません。①の申告や②の説明自体がない場合も同様です。

④ 実質的支配者となるべき者が暴力団員等に該当しないと認められる場合には定款の認証を行うこととなりますが、その認証文言は、従来のものに、「嘱託人は、「実質的支配者となるべき者である○○は暴力団員等に該当しない」旨申告した」旨の文言が付加されます。

118

コラム ③ 帯同した家族による預貯金口座開設申込みへの対応

　入管法改正によって、２号特定技能外国人の配偶者と子も家族滞在として在留資格が認められています（同法２条の２、別表第１四）。したがって、今後は２号特定技能外国人の家族も一定数日本に来ることが予想されます。

　帯同した家族が日本で生活するに際して、２号特定技能外国人本人のみならず、その家族も各自の口座を保有するニーズが考えられます。総合的対応策[1]11頁では、外国人が生活する上で必要となる家賃、公共料金の支払、賃金の受領等に金融機関の口座が必要となるため、円滑な口座開設の必要性が指摘されています。

　前述のような生活に必要な費用を払い、収入を得るのは在留資格をもって日本で働いている２号特定技能外国人本人であることが多いと思われ、総合的対応策は基本的に２号特定技能外国人が円滑に口座を開設できることを要請していると思われます。

　他方、帯同する家族においても例えば携帯料金の支払や、学費の支払のためにそれぞれの名義の預貯金口座の開設を希望することも考えられます。また、２号特定技能外国人の帯同家族であれば、住居や（２号特定技能外国人による）収入が安定していることが見込まれ、預貯金口座が不正に利用されるなどのリスクは相対的に低いと思われます。

　なお、家族滞在の資格で在留資格認定証明書（日本に入国する際に必要な証明書）の交付を申請する際、扶養者の職業と収入を証明する資料を提出しなければならないため[2]、家族滞在の資格を有するものは、その扶養者に一定の収入があることが推認されるといえます。

　したがって、２号特定技能外国人と同様、口座開設に必要となる書類がすべて備えられ、取引時確認等（在留カードによる確認。**Q15**参照）も問題ない場合は口座開設に応じるという対応で問題ありません。

1　前掲**Q**９脚注２。
2　法務省「家族滞在」（http://www.moj.go.jp/ONLINE/IMMIGRATION/ZAIRYU_NINTEI/zairyu_nintei10_19.html）。

第３章　在留外国人との間の預貯金取引の開始　119

第 4 章

在留外国人との間の
預貯金取引の管理

24 米国人による預貯金口座開設申込み時におけるFATCA対応

Q 米国人から預貯金口座開設の申込みを受けましたが、米国人による口座開設に関してはFATCAという米国法規制があると聞きました。その規制の概要と、どのような場合に同規制の対象となるのか教えてください

A FATCA（ファトカ）とは米国の外国口座税務コンプライアンス法（Foreign Account Tax Compliance Act）の略称であり、米国外の金融機関に対して、米国人による口座利用に関して本人確認や報告義務を課す法律です。したがって、米国人から口座申込みを受けた場合には同規制の対象となります。FATCAに基づきいかなる義務を負うかは規制対象となる金融機関がFATCA上どのような位置付けとなっているのかにより異なりますので、所属する金融機関がどのような義務を負担しているか確認し、それに応じた対応をする必要があります。

解説

1 FATCAとは

米国人が特定技能外国人として日本に滞在することは想定されていませんが[1]、米国籍の在留外国人は現在約5万7000人おり、2012年以降その数は増加していますので[2]、米国人からの預貯金口座開設申込みの増加は引き続き予想されるところです。この点、米国人が預貯金口座を開設する際、金融機

---

1 技能水準に関する試験と日本語能力に関する試験の実施が予定されている国に米国は含まれていません（**Q3**参照）。

2 法務省入管管理局「平成30年末現在における在留外国人数について」（平成31年3月22日）(http://www.moj.go.jp/nyuukokukanri/kouhou/nyuukokukanri04_00081.html)。

関は、FATCAという米国法による規制対象となりますので、注意が必要です。

　前述のとおり、FATCAとは、米国の外国口座税務コンプライアンス法の略称です。米国人が、米国における租税を回避する目的で外国の金融機関に預貯金口座を開設し、資産隠しを行っていたという事象を受けて、これを防止するために2010年に成立しました。このような租税回避の阻止を実現するために、同法は、米国外の金融機関に対して、米国人による預貯金口座利用に関して本人確認や報告義務を課しています。

2　FATCAの概要

(1)　制度概要

　FATCAによれば、米国企業など米国租税法上の源泉徴収支払義務者（withholding agent）は、外国金融機関（Foreign Financial Institution。詳細は後記(3)参照。以下、本設問において「FFI」といいます）が後述する米国国内歳入法（Internal Revenue Code）§1471(b)に定める本人確認義務や報告義務などの義務を負うことを約した契約（以下、本設問において「FFI契約」といいます）を米財務長官と締結しない限り、当該FFIに対する源泉徴収可能な支払を行う際に、原則として、支払金額の30％に相当する金額を当該支払から控除し、これを源泉徴収しなければなりません（米国国内歳入法§1471(a)）。つまり、外国の金融機関の立場からすると、FFI契約を締結しない限り、米国企業から支払を受ける際に30％もの源泉徴収税を課されることになります。

　そもそもFATCAは米国法ですので、同法をもって、外国の機関であるFFIに、米国国内歳入法§1471(b)記載の本人確認義務や報告義務を直接課すことはできません。そこで、米国は、FFIに対する源泉徴収可能な支払に対して重い源泉徴収税を課しつつ、FFIがFFI契約を米財務長官と締結し、これを遵守することを条件に、かかる源泉徴収課税からFFIを免除するという仕組みを作り上げました。源泉徴収の対象となる「源泉徴収可能な支払」と

第4章　在留外国人との間の預貯金取引の管理　123

は、米国源泉の利子・配当・賃貸料・給与・年金・報酬その他定期定額所得や、それらを生み出す資産の売却代金などをいいますので、例えば米国企業の株式などを保有しているFFIは、FFI契約を締結しない限り、当該米国企業（源泉徴収支払義務者）から配当を受けるに際して30％の源泉徴収課税を受けることになります。したがって、FFIとしては、源泉徴収課税に応じるか、米国投資を止めるか、FFI契約を締結するか、という選択を迫られることになりますが、FFI契約に応じるのが最も現実的な選択といえます。

このようにして、米国は、源泉徴収課税を回避するという動機をFFIに与えることでFFI契約の締結を促し、ひいては米国外資産に関する情報収集を実現しています。

(2) FFI契約

FFI契約には、本人確認義務や報告義務が定められていますが、より具体的には以下の義務を内容としており（米国国内歳入法§1471(b)）、FFI契約を締結したFFIはこの義務を遵守する必要があります。

ア　FFIが、その保有する各預貯金口座の各保有者について、米国人の預貯金口座（United States Accounts）であると判断するために必要な情報を取得すること。

イ　FFIが、米財務長官が定める米国人の預貯金口座の特定に関する検証および本人確認手続を遵守すること。

ウ　FFIが米国人口座を保有している場合、当該米国人の預貯金口座に関する情報を年次ベースで報告すること。

エ　FFIが、本人確認できていない預貯金口座保有者またはFFI契約を締結していない他のFFIに対して行うパススルーペイメント（源泉徴収の対象となる支払などをいいます）などについて、30％に相当する金額を控除し、これを源泉徴収すること。

オ　FFIが、その保有する米国人の預貯金口座について、米財務長官からの追加情報提供要求を受けた場合にこれに応じること。

カ　外国法によりFFIが保有する米国人の預貯金口座に関する上記報告が妨

げられている場合、次の措置を講ずること。

(ｱ) 当該米国人の預貯金口座の各保有者から、情報提供を妨げている外国法について、正当かつ有効な権利放棄を取得するよう努めること。

(ｲ) 合理的な期間内に各保有者から上記(ｱ)記載の権利放棄が取得できない場合、当該口座を閉鎖すること。

(3) FFI

上記(1)のとおり、FFIは、重い源泉徴収課税を回避するためにはFFI契約を締結しなければなりません。ここにFFIとは、原則として米国外で設立された外国の金融機関をいい（米国国内歳入法§1471(4)）、かかる金融機関には、銀行業または類似の事業における通常業務として預貯金を受け入れる法人などが含まれています（米国国内歳入法§1471(d)(5)）。

日本において設立された金融機関もFFIに該当することから、源泉徴収可能な支払を受けるに際して源泉徴収課税を回避するためには、本来的にはFFI契約を締結する必要があることになります。もっとも、日本のFFIが、法的制約のために、FATCA上の報告、源泉徴収および口座閉鎖を必ずしもすべて履行することができない可能性があるといった課題があることから、日米政府は、2012年6月21日に「FATCA実施の円滑化と国際的な税務コンプライアンスの向上のための政府間協力の枠組みに関する米国及び日本による共同声明」[3]（以下、本設問において「日米共同声明」といいます）を発表しました。これにより、日本のFFIについては、FFI契約において負う義務と整合的な内容の義務を履行することや、米国内国歳入庁（Internal Revenue Service。以下、本設問において「IRS」といいます）にて登録を行う等することで、別途FFI契約を締結する義務が免除されることとなりました。したがって、日本の金融機関はこの日米共同声明およびその方針に沿って実施すべき手続の内容等を明確化した「米国のFATCA（外国口座税務コンプライアンス法）実施円滑化等のための日米当局の相互協力・理解に関する声明」[4]

---

3 https://www.mof.go.jp/tax_policy/summary/international/240621us.htm
4 https://www.mof.go.jp/tax_policy/summary/international/250611fatca.htm

（2013年6月発表。以下、本設問において「日米当局声明」といいます）において定められた義務を履行することになります。

　このようにFFI契約を締結しまたはIRSに登録するなどによりFATCAの取組に参加したFFIを参加FFIといい、それ以外のFFIのことを不参加FFIといいます。

(4) みなし遵守FFI

　日本の金融機関などのFFIでも、FATCAにおいて米国人による租税回避のリスクが低いと考えられるいわゆる「みなし遵守FFI」（Financial Institutions Deemed to Meet Requirement）に該当すれば、源泉徴収課税等が免除されます。みなし遵守FFIの要件は以下のとおりです（米国国内歳入法§1471(b)(2)）。

ア　㋐米国人の預貯金口座を保有しないことを確保するために米財務長官が規定する手続を遵守するとともに、㋑他のFFIが当該FFIにおいて保有する預貯金口座に関しても米財務長官が規定する他の要件を充足している場合。

イ　当該機関が、本条（米国国内歳入法§1471）の目的達成のために本条を提供することが不要であると米財務長官が判断した種類のFFIのメンバーである場合。

　みなし遵守FFIには、様々な類型がありますが、日本の金融機関との関係では、登録型みなし遵守FFIのうち、地域FFI（local FFI）が実務上重要であると考えられます。

　地域FFIとは、以下の要件をすべて充足し、IRSによる登録を受けたFFIをいいます（米国財務省規則§1.1471－5(f)(1)(i)(A)）。日本でいえば、中小・地域金融機関が代表例です。

㋐　FATCA遵守国において、金融機関としての免許を付与されており、また、監督官庁による規制の対象となっていること。

㋑　設立国以外の国において事業拠点を有していないこと。

㋒　設立国以外の国において預貯金口座開設の勧誘を行わないこと。

(エ)　設立国の法令により報告または源泉徴収の目的で居住者が保有する預貯金口座を特定する義務を負っていること、または当該国のマネー・ローンダリング対策のために預貯金口座の特定が義務付けられていること。

(オ)　98%以上の預貯金口座資産が設立国の居住者（Q22参照）（法人も含む）により保有されていること。

(カ)　2014年６月30日またはみなし遵守FFIとして登録する日のうち後に到来する日までに、非居住者である特定米国人（specified U. S. person）や特定米国人により支配または実質的に所有されている事業体などによる預貯金口座の開設およびその維持についてモニタリングを行うポリシーおよび手続を導入すること。

(キ)　非居住者が保有する既存の預貯金口座などに関して、FFIが既存の預貯金口座に関する米国人の預貯金口座または不参加FFIの保有する預貯金口座を特定するための検査を行い、これらの預貯金口座が存在せず、または、存在した場合にはこれを閉鎖等したことなどを保証すること。

(ク)　FFIが拡大関連者グループのメンバー（member of an expanded affiliated group。議決権および価値において50%超の資本関係にある関連会社グループに属する法人等をいいます）である場合、当該グループメンバーであるFFIが同一の国において設立されたものであり、地域FFIの要件および手続要件を充足していること。

(ケ)　FFIが、設立国の居住者であり、かつ個人である特定米国人による預貯金口座の開設または維持について差別するポリシーや実務を有していないこと。

3　FATCAに基づく義務

以上のとおり、FATCA上、FFIには参加FFIやみなし遵守FFIといった分類がありますが、いずれに該当するかでその遵守すべき義務も変わります。

まず、参加FFIについては、本設問のような新規個人口座開設の際、上記

2(1)で記載したFFI契約に定められている義務と整合的な日米共同声明および日米当局声明において定められた義務を履行する必要があります。

より具体的には、金融機関は、新規口座の申込みにあたり、口座申込人が税務上の米国居住者であるかどうかを判断するための情報を同申込人から申告を受け、さらには、AMLやKYC（Know Your Customer（顧客確認））手続に従い収集した書類（例えば犯収法の本人確認書類）をもとに、かかる申告の妥当性を確認しなければなりません。

これにより米国示唆情報が発見されなければ特段の対応は不要ですが、米国人の預貯金口座であることが証明された場合、金融機関は、預貯金口座の開設申込人から米国納税者番号（Taxpayer's Identification Number：TIN）を含む「米国財務省様式W－9」の取得およびIRSへの報告についての同意を得た上で、口座情報などを毎年IRSへ報告することが義務付けられています。なお、かかる同意が得られない場合には、その総数・総額を毎年IRSへ報告することになります。

これに対して、みなし遵守FFIについては、そもそもFATCAにおいて米国人による租税回避のリスクが低いと判断されたFFIであるため、FFI契約を締結する義務も源泉徴収課税も免責されています。

4　預金規定等における留意点

上記2(4)イ(オ)記載のとおり、みなし遵守FFIとして義務の免除を受けるためには98％以上の預貯金口座資産が居住者により保有されていることが必要となります。そこで、かかる義務免除を維持するためには、非居住者の預貯金口座については解約できることが望ましいこととなります。したがって、みなし遵守FFIであり続けようとする金融機関としては、預貯金者から届け出られた在留期間が経過した場合の処理として、単に取引制限するだけでなく解約まで可能となるような預金規定等の改訂も検討すべきこととなります（Q30、Q34参照）。

25 在留外国人による預貯金口座開設申込み時におけるCRS規制対応

Q 米国人ではない在留外国人から預貯金口座の開設申込みを受けました。米国人による口座申込みの場合におけるFATCAのような規制は、他の国籍者との間にはないのでしょうか

A 米国人以外の在留外国人に関する租税回避防止規制としては、CRS規制があります。CRSとは共通報告基準（Common Reporting Standard）のことであり、CRS参加国における金融機関が保有する口座保有者の居住地国を特定し当該口座情報を自国の税務当局に報告する義務を課すものです。CRSは、日本においては、租税条約等の実施に伴う所得税法、法人税法及び地方税法の特例等に関する法律（以下、本設問において「実特法」といいます）により国内法となっていますので、口座開設申込者が米国人以外であった場合でも、金融機関は、同法に基づく本人確認義務などを負っています。

解説

1 CRS規制の概要

Q24で解説したとおり、米国人による預貯金口座開設の際は租税回避防止を目的としたFATCAの適用がありますが、米国人以外による預貯金口座開設の場合は同様の目的の規制としてCRS規制があり、特定技能外国人として人材の送出しが想定される中国、インドネシアなどもかかるCRS加盟国です[1]。また、これらの国に限らず、CRSには多くの国・地域が加盟していることから、今後、対応が必要となる場合が増加することが見込まれます。

第4章　在留外国人との間の預貯金取引の管理　129

(1)　CRSとは

CRSとは、前述のとおり、共通報告基準の略称であり、外国の金融機関の口座を利用した国際的な租税回避を防止するために、経済協力開発機構（OECD）が2014年に策定した、課税における自動的な情報交換に関する基準（The Standard for Automatic Exchange of Financial Account Information in Tax Matters）における報告基準をいいます。米国でFATCAが成立したことを受けて、OECDが非居住者の口座情報を提供し合う自動情報交換に関する国際基準の策定を開始し、これにより成立したのがCRSであり、現在、日本を含む100以上の国または地域がこれに参加しています。

(2)　CRSの仕組み

参加国における金融機関は、保有する預貯金口座保有者の税務上の居住地国を特定し、報告すべき非居住者の口座を特定します。このようにして特定した非居住者の口座情報（口座保有者の氏名、住所、納税者番号、口座残高、利子・配当などの年間受取総額など）を、金融機関は、まず自国の税務当局に報告します。これを受けて、当該国の税務当局は、そのようにして収集した自国の居住地口座情報を、その納税者の居住国の税務当局と自動的に情報交換を行います。

以上のような仕組みにより、参加国間で相互に納税者の情報を収集することで、各国の納税義務者の資産情報を把握できることになります。

2　実 特 法

上記1記載のCRS制度は、参加国において国内法を制定することにより現地法令として適用されることになります。日本においては、2015年に実特法が改正され、2017年1月1日に施行されました。新規の預貯金口座開設の申込みの場合、申込人および金融機関には、同法上、以下のような義務が課さ

1　OECDホームページ「Automatic Exchange Portal」（http://www.oecd.org/tax/automatic-exchange/international-framework-for-the-crs/exchange-relationships/#d.en.345426）参照。

れています。

(1) 届出書の提出および届出事項確認義務

金融機関における預貯金口座開設申込者には、その者の氏名、住所、生年月日、居住地国、外国の納税者番号、申込人の住所と居住地国が異なる場合にはその事情の詳細、その他参考となるべき事項などを記載した届出書を金融機関に対して提出する義務を負います（実特法10条の5第1項前段、租税条約等の実施に伴う所得税法、法人税法及び地方税法の特例等に関する法律の施行に関する省令（以下、本設問において「実特省令」といいます）16条の2）。

これを受けた金融機関は、当該届出書に記載されている事項が、預貯金口座開設のために提出または提示を受けた書類の内容と合致していることを確認しなければなりません（実特法10条の5第1項後段、実特省令16条の2第3項）。預貯金口座開設のために提出または提示を受けた書類としては、例えば犯収法に基づき提出を受ける本人確認書類がありますので、本設問のように在留外国人が口座の申込人の場合には、基本的には在留カードにより確認をすることになります（Q15参照）。

(2) 記録の作成・保存義務

上記届出書の提出を受けた場合、金融機関は、申込人に関して特定した居住地国に関する事項、当該届出の提出を受けた年月日、当該届出書に記載された事項に関する記録を作成しなければなりません（実特法10条の7、実特省令16条の13）。かかる記録については、預貯金の預入れが終了した日から5年間の保存義務が課されています。

(3) 報告事項の提供義務

金融機関は、実特法上の特定取引である預貯金口座開設申込みごとに、その年の12月31日時点での送金者の氏名、住所、居住地国、外国の納税者番号、預貯金の金額などの事項を、翌年の4月30日までに、当該金融機関の本店または主たる事務所の所在地の所轄税務署長に提供しなければなりません（同法10条の6、実特省令16条の12）。

26 在留外国人の開設した預貯金口座固有のリスクと低減措置

Q
在留外国人の預貯金口座については、日本人の預貯金口座と比べて、不正利用等の可能性が高いと考えるべきなのでしょうか。また、金融機関が、預貯金口座が犯罪利用されるリスクを低減するためには、どのような対応を講じるべきでしょうか

A
在留外国人の預貯金口座について、一律に不正利用のリスクがあるとはいえませんが、帰国に際し預貯金取引を継続することが不要となるという事情を背景として、預貯金口座が第三者に譲渡される危険が高まると考えられます。金融機関としては、このような固有のリスクに対応し、預貯金口座を決して第三者に譲渡しないよう、在留期間の経過に伴い、不正利用のリスクが高まることを念頭に置いた管理を行う必要があります。

解説

1 外国人名義の預貯金口座と犯罪利用のリスク

(1) 犯罪利用の実態

国家公安委員会の公表する犯罪収益移転危険度調査書[1]21頁においては、預貯金口座が悪用された事例として、本国に帰国した外国人の口座を利用し詐欺や窃盗等の犯罪による収益を収受または隠匿した場合や、帰国した外国人から有償で譲り受けた口座を不法な海外送金を行うために利用していた場合等が挙げられています。さらに、警察庁が2019年3月に公表した「平成30

---

1 前掲Q11脚注3。

年におけるサイバー空間をめぐる脅威の情勢等について」[2]によれば、インターネットバンキングを用いた不正送金の送金先とされている預貯金口座の大部分が外国人名義のものであると事実が報告されているほか、報道等によれば、その背景として外国人留学生や技能実習生が、帰国前に、自身の開設した預貯金口座を譲渡して換金する行為が横行している実態があるとされており、在留外国人が、日本の金融機関に開設した預貯金口座が犯罪組織等に譲渡されている実態があることがうかがわれます[3]。

(2) 背　　景

このことの背景には、第1に、在留外国人の預貯金口座は、基本的に日本における在留期間に限って給与受取口座や生活口座として利用する目的で開設されるものであり、帰国に際して不要となるため、これを他人に譲渡し換金する行為が行われやすいという構造的な要因があります。

第2に、日本を訪れる外国人においては、必ずしも、日本における預貯金口座の不正利用防止の要請について、均一に高い問題意識を有していることまでは期待できません。すなわち、預貯金口座のキャッシュカード等を他人に譲渡することが、日本において重大な犯罪行為とされていることや（犯収法28条参照）、預貯金口座が譲渡され詐欺等の振込先口座とされることにより大きな犯罪被害を生んでいる実態があることに対する問題意識が希薄な外国人もいるものと推測されます。また、残念なことではありますが、犯罪行為に当たるという認識があったとしても、帰国後に、現実に犯罪として立件されることはないだろうという意識が作用することもあると推測され、いわば、帰国前の小遣い稼ぎの感覚で預貯金口座の不正な譲渡が横行してきた実態があるようにも懸念されます。

2　前掲Q17脚注2。
3　前掲Q17脚注4。また前掲Q17脚注3、5も参照。

第4章　在留外国人との間の預貯金取引の管理　133

2 リスク低減のための対応

⑴ 外国人名義の口座であることに着目したリスク低減措置の要否

　健全な金融システムの担い手である金融機関にとっては、自身の提供するサービスが、マネー・ローンダリング、テロ資金供与といった組織犯罪に利用されることを防止するための態勢を整備することが、コンプライアンス上の重要な課題とされています。具体的には、犯収法に基づき、取引時確認、取引記録等の保存、疑わしい取引の届出等の義務が課されているほか、預貯金口座がいわゆるヤミ金融業者の取立や振り込め詐欺等の犯罪行為の手段として利用されることを防止するために適切な管理を行うことが、金融機関に対する監督行政の着眼点としても強調されており、各金融機関においては、多大なコストや事務負担を投じて、かかる責務を果たすための態勢を構築しているところです。

　金融機関としては、上記態勢の一環として、外国人名義の預貯金口座であることに着目した管理を行う必要があるといえます。もちろん、個々の在留外国人についてみれば、日本人顧客と比較してみても、預貯金口座の不正利用に対する問題意識や遵法意識を十分に有していることもめずらしくはないのであり、当該顧客が在留外国人であるからといって、口座を不正に譲渡する可能性が高いとする評価には当たりません。また、警察庁の公表する前掲脚注3の資料が示す事実は、不正に譲渡され犯罪利用に供されている預貯金口座のうち大部分を外国人名義の預貯金口座が占めているというにとどまり、反対に、外国人名義の預貯金口座の全体のうち、どの程度の割合のものが不正に譲渡されているのかということまでを示すものではありません。

　しかしながら、外国人名義の預貯金口座については、前述のとおり、不正な譲渡がなされる固有の構造的な要因があること、このことに着目して、犯罪組織等の側から外国人名義の預貯金口座を買い受けようという働き掛けがなされることが想定されることといった背景を考慮すれば、外国人名義の預貯金口座であることに起因して、不正利用されるリスクを否定できないと考

えること自体は合理的な評価といえるのであり、金融機関としては、かかるリスクを低減するための措置を講じることが必要と考えられます。

(2) 実務上のリスク低減のための措置

それでは、このようなリスクを低減するためにはどのような実務対応が考えられるでしょうか。まず、預貯金口座開設の際の対応としては、地道な対応ではあるものの、日本において、預貯金口座を第三者に譲渡することが犯罪に当たること、預貯金口座の譲渡に起因して重大な犯罪被害が生じていることなどを周知した上で、預貯金口座を第三者に譲渡しないよう強く注意喚起をすることが考えられます（Q17参照）。また、あらかじめ、帰国時には必ず預貯金口座を解約するよう周知しておくことも有用でしょう。

預貯金口座開設後の期中管理としては、在留外国人の受入れ機関としての勤務先と連携して在留期間の変更について常に最新の情報を把握した上（Q19参照）、金融機関の把握する在留期間を前提に、在留期間の満了に前後して預貯金口座の利用形態に変化が生じていないかという視点から管理をすることが必要といえます。

さらに、預貯金口座開設時の周知を行ったとしても、すべての在留外国人が、帰国前に、任意に口座の解約を行うことまでは必ずしも期待できません。そのため、帰国後も解約されずに残存する預貯金口座が一定程度生じることは避けられないでしょう。このような預貯金口座については、預貯金者が帰国することにより本来は不要となっているわけですから、不正に譲渡されている可能性が相当程度高まっていると考えられますが、金融機関としては、不正譲渡の有無を直接把握する手段は有していないのが通常です。したがって、このような場合に備えて、金融機関の側から取引を解消することで直接的にリスクを解消する手段を確保しておくことが有用といえます。具体的には、在留期間の満了を原因として当該預貯金口座について取引を制限しうる措置や解約措置を講じることができる旨の条項を預金規定等に設けておくことも、検討すべきと思われます（Q29、Q30参照）。

第4章　在留外国人との間の預貯金取引の管理　135

27 長期間にわたり利用されていない外国人の預貯金口座に動きがあった場合

Q 約5年間も入出金がまったくなかった外国人の預貯金口座に対し、突然、ある法人から50万円が振り込まれ、着金の3日後にキャッシュカードを用いて30万円が引き出され、さらにその2日後には国内の別の金融機関に開設されている個人名義の預貯金口座にインターネットバンキングを用いて20万円が振込送金されました。今後、どのように対応すべきでしょうか

A 　預貯金者が金融機関に届け出ている連絡先に速やかに連絡し、口座の利用状況を直接確認することが考えられます。預貯金者が所在不明の場合や、預貯金者に連絡が取れたもののまったく不合理な説明に終始する場合では、預貯金契約を解除することや、口座内のお金の動きの内容によっては疑わしい取引として行政庁に届け出ることも、ありうるでしょう。

・・

解説 ▶

1　口座譲渡の実態

　数年間にわたり利用されていなかった口座に動きがあるのは、預貯金者自身がずっと利用していなかった預貯金口座を久し振りに利用したという場合が大半だろうと推察しますが、中には、預貯金者の利用していなかった口座を入手した預貯金者以外の人が利用している場合もあるでしょう。

　Q11、Q17およびQ18において述べたとおり、後者の場合の背景には、以下の事情があります。すなわち、現実には、すべての外国人預貯金者が帰国前に積極的に解約手続をとることは必ずしも期待できず、実際には、在留外

国人の在留期間が満了した後も、その口座が解約されないまま残存している例は少なくなく、さらにいえば、当該口座が譲渡され、不正な利用に供されている実態があるとも指摘されています。Q11、Q17およびQ18では、国家公安委員会や警察庁が公表する資料における分析や新聞社が金融機関に対して実施したアンケートの結果も紹介していますから、参照ください。

2 疑わしい取引に該当するかを検証

以上の実態を踏まえれば、本設問のように、外国人の預貯金口座について、約5年間にわたり利用されていなかったにもかかわらず、突然、入出金があった場合には、犯罪に利用されている可能性がないか、犯収法8条に基づき行政庁への届出義務が課される疑わしい取引に該当する可能性がないかなどを検討する必要があります。

なお、金融庁ホームページには、「通常は資金の動きがないにもかかわらず、突如多額の入出金が行われる口座に係る取引」「口座開設時に確認した取引を行う目的、職業又は事業の内容等に照らし、不自然な態様・頻度で行われる取引」等が、疑わしい取引の参考事例として記載されています[1]。

そこで、本設問のように、外国人の預貯金口座について、約5年間にわたり入出金がまったくなかった口座に動きがあった場合には、金融機関から、預貯金者が金融機関に届け出ている連絡先に速やかに連絡し、口座の利用状況を直接確認することが考えられます。

預貯金者が所在不明の場合や、預貯金者に連絡が取れたもののまったく不合理な説明に終始する場合では、預貯金契約を解除することや（Q33参照）、口座内のお金の動きの内容によっては疑わしい取引として犯収法8条に基づき行政庁に届け出ることも（Q17、Q18参照）、ありうるでしょう。

---

1 前掲Q18脚注2。

28 在留期間の満了を理由とする現行の預金規定等に基づく解約の可否

Q 外国人預貯金者の在留期間が既に満了している場合、在留期間の満了自体を理由として当該預貯金者の預貯金口座を強制解約することはできるのでしょうか

A 法令・公序良俗に反する行為に利用されるおそれがあることを解約事由とする預金規定等の条項に基づき強制解約をすることが考えられますが、外国人預貯金者の在留期間が満了したからといって、当該預貯金者の口座が不正に利用されるとは必ずしもいえないため、そのような強制解約の効力は否定される可能性があります。

もっとも、解約の有効性が争われる可能性が事実上低いと考えられることなどから、口座の不正利用防止の要請を優先し、上記の解約条項に基づく強制解約を行うという方針を採ることも考えられます。

解説

1 現行の預金規定等に基づく解約

(1) 法令・公序良俗に反する行為に利用されるおそれがある場合

外国人預貯金者名義の預貯金口座については、当該預貯金者が在留期間の満了により帰国する前に第三者に譲渡され、不正な利用（詐欺等の犯罪や不正送金等）に供されるリスクがあるため（**Q11**、**Q17**参照）、金融機関としては、このようなリスクを軽減ないし遮断するための措置を検討する必要があります（**Q11**参照）。

この点、現行の預金規定等（具体的には、全国銀行協会の預金規定参考例1等）には、「預金が法令や公序良俗に反する行為に利用され、またはそのおそれがあると認められる場合」といった表現により、口座の不正利用等のお

138

それを問題とする解約事由が設けられているのが通常であるところ、不特定多数人による入金がなされている等、預貯金口座が第三者に譲渡され、犯罪等に利用されていることが疑われるような事情がある場合には、外国人預貯金者の在留期間が満了した口座であるという性質も併せて考慮することで、不正利用の「おそれ」があると評価し、当該解約事由に基づいて口座を強制解約することが可能であると考えられます。

(2) 在留期間の満了自体を理由とする解約の可否

　他方、外国人の在留期間の満了自体を解約事由とする条項は、一般的な預金規定等には置かれていません[2]。しかしながら、前述のリスクにかんがみると、在留期間の満了した外国人の口座は速やかに解約することが望ましいため、口座の不正利用をうかがわせる事情がなかったとしても、外国人預貯金者の在留期間が満了したこと自体をとらえて、法令・公序良俗に反する行為に利用されるおそれが生じたと評価し、上記の解約条項に基づいて強制解約をすることができないかが問題となります。

　外国人預貯金者の在留期間が満了した事実自体は、その口座が法令や公序良俗に反する行為に利用されている可能性を論理必然的に示唆するわけではありませんが、外国人名義の預貯金口座が現実に不正利用に供されているという実態を踏まえて評価すれば、外国人預貯金者の在留期間が満了したにもかかわらず存続している口座については、抽象的なレベルでは、第三者に譲渡され不正利用される可能性が生じているといえるでしょう。

　しかしながら、仮に口座解約の有効性を争われたような場合には、不正利

1　全国銀行協会「金融庁「マネー・ローンダリング及びテロ資金供与対策に関するガイドライン」を踏まえた預金規定・参考例」（平成31年3月29日）（https://www.zenginkyo.or.jp/fileadmin/res/news/news310404.pdf）。

2　実際に、入管法の改正を受けて、在留期間の満了自体を解約事由とする条項を預金規定等に追加した例もあります（2019年5月10日付産経新聞「【経済インサイド】外国人の口座売買防げ　銀行が管理厳格化」（https://www.sankei.com/premium/news/190510/prm1905100006-n1.html）、2019年6月3日付朝日新聞「取引ない口座、制限も　福岡の2地銀がマネロン対策強化」（https://www.asahi.com/articles/ASM635T8WM63TIPE02B.html））。

第4章　在留外国人との間の預貯金取引の管理　139

用の「おそれ」が客観的に生じていることを立証する必要が生じます。

　そして、国家公安委員会による犯罪収益移転危険度調査書等[3]は、不正利用された口座の大部分が外国人名義のものであるということを示す意義はあるものの、反対に、外国人名義の口座のいかなる程度の割合のものが不正利用されているかは不明であり、実際には、在留期間が満了した外国人預貯金者の口座には、第三者に譲渡されることなく単に放置されているだけのものも少なくないと推測されます。

　そうだとすれば、外国人預貯金者の在留期間が満了した事実と、その口座が譲渡され不正利用されることとの間の相関性の有無・程度は、いまだ具体的に明らかではないといわざるをえず、現在の状況においては、外国人預貯金者の在留期間が満了した事実から当該預貯金者の口座が不正利用される可能性が推認されるとまではいえないように思われます。

　したがって、金融機関が在留期間の満了自体を理由として上記の条項に基づく強制解約を行った場合、当該外国人預貯金者が解約事由に該当しないとして当該解約の有効性を争えば、当該解約の効力は否定される可能性があります。

2　強制解約を行う場合の留意点

(1)　現行の預金規定等に基づく解約を行う場合の実務対応

　上記の問題点を踏まえた上でも、在留期間が満了し、生活口座等としての利用実態が消滅している預貯金口座が強制解約されたところで、外国人預貯金者が、解約の有効性を積極的に争う動機は少なく、紛争化する可能性が事実上低いと考えられることなどから、口座の不正利用防止の要請を優先し、上記の解約条項に基づき在留期間の満了した外国人の預貯金口座を強制解約するという方針を採ることも考えられます。

　また、金融機関によっては、外国人預貯金者の口座の大部分について、在留期間満了後に不正利用されているという実態があり、そのことを統計資料

3　前掲Q11脚注3。

等の客観的な資料に基づき立証することができるという場合もあるかもしれません。そのような金融機関においても、在留期間の満了自体を理由として上記の解約条項に基づき強制解約をするという判断はありうるところです。

そして、在留期間の満了自体を理由とする強制解約を行うという方針を採った場合には、例えば、口座の開設時に、在留期間の満了が解約事由に該当することを周知したり、在留期間が満了した場合には金融機関の判断により解約することについて異存がない旨の念書を徴求したりしておくことが考えられます[4]。外国人預貯金者に対し、在留期間の満了が解約事由に該当すると認識させておくことは、解約の有効性を肯定する方向に作用するものと考えられるところであり、また、外国人による口座譲渡等を抑止する事実上の効果も期待できます。

もっとも、これらの対応は、口座を開設する際において、個々の外国人預貯金者を対象とするものであるため、既存の預貯金者との関係では直接の効果を持たないという問題があることに注意が必要です。

(2) 解約通知の送付先

また、外国人預貯金者の在留期間が満了し、既に帰国してしまった場合、当該預貯金者の現住所を把握しておらず、口座を強制解約しようにも解約通知の送付先がわからないということが多いと考えられます。

もっとも、一般的な預金規定等には、「通知により解約する場合、到達のいかんにかかわらず、当行が解約の通知を届出のあった氏名、住所に宛てて発信した時に解約されたものとします」といった内容の条項が設けられているので（**資料**「モデル預金規定等」13条2項なお書参照）、このような規定を定めている金融機関においては、在留期間が満了し、帰国した外国人預貯金者の預貯金口座を強制解約する場合であっても、解約通知は当該預貯金者から届出のあった住所に宛てて発送することで足りるものと考えられます。

4　実際に、入管法の改正を受けて、外国人が口座を開設する時に、在留期間が満了した場合に取引制限や強制解約を行う可能性があることについて同意を取り付けている例もあります（前掲脚注2産経新聞記事参照）。

第4章　在留外国人との間の預貯金取引の管理　141

| 29 | 預金規定等の変更の有用性 |

Q 在留外国人に開設した預貯金口座については、不正な譲渡を防止するために適切な管理を実施することが必要なことは理解していますが、そのために現行の預金規定等を変更することまで必要なのでしょうか

A 一般的な現行の預金規定等では不正な譲渡の防止策を一切講じられないというわけではありませんが、より実効性の高い防止策を講じるためには預金規定等の変更が望ましいと考えられます。また、現行の預金規定等が在留外国人との預貯金取引を必ずしも前提としていないものであれば、在留外国人も預貯金取引の相手方に含まれることを前提とした条項の追加も検討すべきところです。

解説

1 在留期間満了後に残存する預貯金口座の問題点

日本における就労や留学を目的とする在留外国人が開設した預貯金口座については、在留期間が満了して帰国する場合には、給与の受取りや日本における公共料金支払といった当初の開設目的が基本的には消滅することになります。そのため、金融機関の預貯金口座の適切な管理といった観点からすれば、在留期間の満了に際しては預貯金口座が解約されることが望ましいところです。

しかし、現実には在留外国人の在留期間が満了した後もその預貯金口座が解約されないまま残存している例は少なくないところ、そのような預貯金口座については第三者に譲渡され不正利用に供される危険が高まります。国家公安委員会が2018年12月に公表した犯罪収益移転危険度調査書[1]21頁におい

142

ては、実際にそのような預貯金口座が悪用された事例として、本国に帰国した外国人の預貯金口座を利用し詐欺や窃盗等の犯罪による収益を収受または隠匿した場合や、帰国した外国人から有償で譲り受けた預貯金口座を不法な海外送金を行うために利用していた場合等が挙げられています（Q11、Q18参照）。

このようなリスクを軽減するためには、在留外国人である預貯金者に対して自らの在留期間の満了に際して任意に解約手続をとることを積極的に促していくといった対応も考えられますが、帰国を目前に控えた在留外国人が解約手続をとることは必ずしも期待できません。

そこで、預貯金口座の不正利用を防止すべき立場にある金融機関としては、在留期間が満了しても解約手続がとられずに残存している預貯金口座について、金融機関の側から一方的に取引制限や解約することができるよう、その可能性を確保しておくべきこととなります。

金融庁もマネロンガイドライン[2]において、顧客管理の一環として「必要とされる情報の提供を利用者から受けられないなど、自らが定める適切な顧客管理を実施できないと判断した顧客・取引等については、取引の謝絶を行うこと等を含め、リスク遮断を図ることを検討すること」を求めているところ（同15頁）、ここにおける「リスク遮断」には既存の預貯金口座に対する取引制限や解約も含まれると考えられます[3]。

2　現行の預金規定等に基づく対応の限界

預貯金者が、預貯金口座を第三者に対して譲渡等する行為は、一般的な現行の預金規定等において解約事由として規定されていることが一般的ですが、多くの場合、譲渡等の事実が金融機関に直ちに判明することはなく、当該解約事由が預貯金口座の不正利用防止の場面で現実に機能することは必ず

1　前掲Q11脚注3。
2　前掲Q11脚注1。
3　前掲Q11脚注2。

しも期待できないところです。

　また、一般的な現行の預金規定等には「預金が法令や公序良俗に反する行為に利用され、またはそのおそれがあると認められる場合」といった表現により、預貯金口座の不正利用等の可能性を問題とする解約事由が設けられていますから、これを在留期間が満了した場合に活用することも考えられます（Q28参照）。しかし、この方法にも限界があります。すなわち、実際に上記解約事由を適用した場合において、仮に解約の有効性を争われた際には、上記解約事由における「おそれ」が客観的に発生していることを金融機関側で立証すべきこととなりますが、その立証は困難であると見込まれます。在留外国人名義の口座のいかなる程度の割合のものが不正利用されているかは判然とせず、在留期間が満了した外国人の預貯金口座には第三者に譲渡されることもなく単に放置されているだけのものも少なくないとも推測されるところであり、在留外国人である預貯金者の在留期間が満了した事実と、その預貯金口座が譲渡され不正利用されることとの間の相関性の有無・程度は、いまだ具体的に明らかではないといわざるをえないためです。

3　解約事由・取引制限事由等の追加

⑴　在留期間の満了を解約事由・取引制限事由とする条項の追加

　以上のとおり、現行の預金規定等の条項に基づく対応を講じることもありえますが、かかる対応が不安定な要素をはらんでいることは否定できません。

　そこで、在留期間が満了した外国人の預貯金口座の譲渡を確実に防止しようとするためには、より直截に、在留期間が満了した事実自体を取引制限事由や解約事由とする条項を預金規定等に追加することを検討すべきと考えられます。このような解約条項等を新設することにより、不正利用等の「おそれ」が認められるか否かという評価を問題とすることなく、「在留期間の経過」という事実の存在自体をもって取引制限や解約をすることが可能となります。

144

もっとも、在留期間の経過を解約事由や取引制限事由としようとする場合、金融機関が在留期間の満了時期をどのような方法により把握するかという問題が残ります。在留外国人の預貯金者から口座開設時に在留期間の申告を受けていたとしても、その後に在留期間が更新または変更される場合もあるためです（在留期間が更新された場合には在留カード番号が変更されるため、従前の在留カード番号に基づいて出入国在留管理庁の「在留カード等番号失効情報照会」（**Q15**参照）を利用しても、更新の事実は判明しません）。このような場合、在留外国人である預貯金者の勤務先から情報を得るという手段も考えられますが、個人情報保護の観点から情報提供を受けることが容易ではない場合もあるでしょう（ただし、預貯金口座開設にあたり、金融機関が勤務先から情報提供を受けることについて、在留外国人の預貯金者の承諾を得ておく実務対応はありえます。**Q19**参照）。

　そこで、在留期間の満了を解約事由に追加することと併せて、預貯金者による届出が必要な事項の１つとして、「在留期間（の変更または更新）」を預金規定等に追加し、解約事由・取引制限事由については「当行に届け出た在留期間が経過したとき」として規定するといった工夫をすることが考えられます。このように規定することにより、金融機関としては、在留外国人の預貯金者に在留期間の変更等を届け出る義務を負わせるとともに、現実に、金融機関に届出がなされた在留期間をもとに対応することが可能となります（**資料**「モデル預金規定等」12条２項においても届出のなされた在留期間の経過を取引制限事由とする条項を導入しています）。届出のあった在留期間の経過が取引制限事由とできる旨の条項を追加した預金規定等の改訂の実例については既に散見されるところです。

　ただし、上記のような預金規定等の変更を実施した場合には、実務運用上あまりにも画一的な対応を講じることで在留外国人である預貯金者に対して過大な不利益を与えることのないよう配慮することも必要です。例えば、届出を受けた在留期間の満了後においても、従前の勤務先からの給与振込、税金の還付金の入金、公共料金の引落し、クレジットカード代金の引落しなど

第４章　在留外国人との間の預貯金取引の管理　145

が継続している場合など、在留期間が存続していることが合理的にうかがわれる場合には、画一的に預貯金口座を強制解約することが相当とはいえず、このような場面では、なお個別の事情を考慮して判断すべき一定の領域は残るものと思われます。

(2) その他の条項の追加

また、多言語対応の一環として、日本語のもののみならず外国語による預金規定等を用意する場合には、両者間に齟齬があると指摘される場合に備え、日本語による預金規定等が優先する旨の条項が有用になりますし、外国人との間での取引であることにかんがみれば、準拠法や裁判管轄に関する条項（**Q31**および**資料**「モデル預金規定等」15条参照）の重要性が一層高まりますので、これらの条項が現行の預金規定等に導入されていないようであれば、預金規定等の変更にあたって、これらの条項の追加導入についても検討されるべきです。

30 届出を受けた在留期間の満了を取引制限事由や解約事由とする追加条項の有効性

Q 当行では、預金口座の不正利用防止の手段として、在留外国人に開設した預金口座に関しては、届出を受けた在留期間の満了を解約事由や取引制限事由とする条項を預金規定に追加することを検討しています。このような追加条項は有効なのでしょうか。とくに、追加時点で既に開設されていた預金口座にも拘束力を有するのか不安です。また、このような条項の追加にあたって有効性のほかに合わせて検討しておくべきことは何かあるでしょうか

A 　届出を受けた在留期間の満了を解約事由や取引制限事由とする預金規定等の変更は、所定の手続にのっとってなされる限り、改正民法施行の前後を問わず基本的に有効であり、変更時の既存顧客に対しても拘束力を有すると考えられます。また、届出を受けていた在留期間の満了を解約事由とするか、それとも取引制限事由とするか等についても諸事情を勘案して検討しておくべきと考えられます。

解説

1　在留期間の満了を解約事由・取引制限事由とする条項の有効性

　在留期間が満了した外国人の預貯金口座について不正利用を防止するための手段としては、預貯金口座の解約や取引制限が考えられます。そして、解約や取引制限を確実に可能にするためには、在留期間が満了した事実自体を解約事由・取引制限事由とする条項を預金規定等に追加することが考えられるところであり、さらに金融機関としては在留期間の変更を適時に把握できるとは限らないという実情に照らせば、届出を受けていた在留期間を基準と

第4章　在留外国人との間の預貯金取引の管理　147

するのが実効的です（**Q29**参照）。

本設問においては、このような追加条項の有効性について検討します。

(1) 現行民法下において預金規定等の変更を行う場合

ア　消費者契約法上の不当条項規制との関係

まず、在留外国人との預貯金取引は一般的に消費者契約法上の消費者契約に該当することから（同法2条1項〜3項）、同法上の不当条項規制（法令中の任意規定に比べて消費者の権利を制限し、または消費者の義務を加重する消費者契約の条項であって、信義誠実の原則に反して消費者の利益を一方的に害するものを無効とする規制。同法10条）に該当するか否かの検討が必要になります。

この点、在留外国人である預貯金者の取引目的（給与の振込先等の預貯金口座の利用目的）は在留期間の満了によって基本的に消滅することになるため、預貯金者が多大な不利益を被るということは想定できず、他方で、上記条項の追加の目的である預貯金口座の譲渡や不正利用の防止は、個々の銀行の被害防止という目的にとどまらず公益的な目的も有することに照らせば、少なくとも信義誠実の原則に反して消費者の利益を一方的に害するとの評価は妥当せず、基本的には不当条項規制に該当しないと考えられます。

イ　既存顧客に対する拘束力

また、預金規定等の内容を変更した場合、その変更内容を前提として新たに預貯金者となった者がそれに拘束されるのは当然ですが、その変更前に既に預貯金口座の開設を受けていた既存顧客にまで適用できるのかは、現行民法に約款変更のルールについて何ら定めがないことから問題となりえます。

この点、近時、預金規定に導入された暴力団排除条項を導入前の預金顧客に対しても適用できるのかが争点となった事件において、福岡高等裁判所は「預金契約については、定型の取引約款によりその契約関係を規律する必要性が高く、必要に応じて合理的な範囲において変更されることも契約上当然に予定されているところ、本件各条項（筆者注：暴力団排除条項を指す。以下同じ）を既存の預金契約にも適用しなければ、その目的を達成することは困難であり、本件各条項が遡及適用されたとしても、そのことによる不利益は

限定的で、かつ、預金者が暴力団等から脱退することによって不利益を回避できることなどを総合考慮すれば、既存顧客との個別の合意がなくとも、既存の契約に変更の効力を及ぼすことができると解するのが相当」と判示しています[1]。

上記の判示からすると、必要に応じた合理的な範囲内の変更であれば、変更後の預金規定等を既存顧客に適用することも可能であると考えられます。

この点、在留外国人に対して開設した預貯金口座を適切に管理することを目的に、在留期間の満了を解約事由や取引制限事由とする条項を追加することに必要性が認められることに異論はないものと考えられます。また、変更範囲の合理性についても、在留期間が満了した在留外国人の預貯金口座の利用目的が基本的に消滅している点や追加規定の導入目的が公益性を有する点に照らせば、その合理性が否定されることもないように考えられます。

なお、上記の福岡高等裁判所による判決では言及されていないものの、預金規定等の変更に際しては、あらかじめその周知手続を経ておく必要もあります。上記判決の原審においては、預金規定等への暴力団排除条項の追加に先立ち、金融機関がその内容や効力発生時期を自行のホームページへの掲載、店頭等におけるポスターの掲示やチラシの配布等の適切な方法により周知していたといった事前の周知状況も斟酌の上で、同条項追加の合理性が肯定されています[2]。とくに、現行の預金規定等において、規定の変更がなされた場合の変更後の規定の拘束力に関する条項（いわゆる変更留保条項）が導入されている場合には、変更後の規定について同条項所定の方法にて周知手続をとるべきことには留意を要します。

(2) 改正民法下において預金規定等の変更を行う場合

ア　定型約款のみなし合意の要件との関係

2020年4月1日から施行される改正民法においては、定型約款の有効要件（みなし合意の要件）として、上記消費者契約法上の不当条項規制に類似する

1　福岡高判平28.10.4（金法2052号90頁）。なお、この判決は確定しています。
2　前掲Q14脚注7。

要件が採用されているところ（上記消費者契約上の不当条項規制とは、文理上、信義誠実の原則違反の検討に際して当該定型取引の態様およびその実情ならびに社会通念を斟酌すべきとされている点が異なります。改正民法548条の2第2項）、預金規定等も定型約款に該当すると考えられていますので[3]、同施行日以降に預金規定等の変更を行う場合には、消費者契約上の不当条項規制への該当性の検討に加え、かかる改正民法の要件を充足するかの検討も必要となります。

　かかる要件についても、在留外国人である預貯金者の預貯金口座の利用目的が既に消滅している点やその目的が公益性を有する点に照らせば、在留期間の満了を解約事由や取引制限事由とする条項の追加がこれに抵触することは基本的にないものと考えられます。

イ　改正民法における変更後約款の拘束力

　前述のとおり、現行民法には約款変更のルールについて何ら定めがありませんが、改正民法においては、定型約款の変更に関する定めも明記されています。すなわち、定型約款の変更が相手方の一般の利益に適合する場合（同法548条の4第1項1号）、または、変更が契約目的に反せず、かつ変更の必要性、変更後の内容の相当性、変更留保条項の有無およびその内容その他変更に係る事情に照らして合理的なものといえる場合（同項2号）には、変更の効力発生時期をあらかじめ定め、その効力発生時期と併せて変更する旨と変更後の内容をインターネットの利用その他の適切な方法により周知する（同条2項・3項）、といった要件を充足することで金融機関が一方的に預金規定等を変更することができ、変更後の条項について個別に合意することなく既存の預貯金者にも適用できることになります。

　この点、届出を受けていた在留期間の満了をもって取引制限や解約ができるとする条項の追加については、預貯金口座の利用目的も消滅している時点で適用されるものである以上、基本的に契約目的に反することはなく、内容

3　鈴木仁史「債権法改正と各種約款における暴排条項の遡及適用」金法2060号6頁、浅田隆「定型約款（その2））―銀行取引を念頭に―」金法2055号43頁など。

が相当性を逸脱するということも考えにくく、また、預貯金口座の譲渡や不正利用を防止するという公益的な意義を有することに照らせば、適切な周知手続さえとられれば改正民法における定型約款変更の要件を充足するものと考えられます（仮に、変更前の預金規定等に変更留保条項が導入されていなかったとしても、そのことのみによって変更の合理性が否定されることはないものと考えられます）。

　なお、改正民法施行前に締結された契約についても、上記の定型約款変更に関する規定は基本的に適用されることになりますが（改正民法附則33条1項）、例外的に同施行日前までに契約の当事者の一方（契約または法律の規定により解除権を現に行使できる者は除かれます）から反対の意思表示が書面でなされた場合（電磁的記録によってなされた場合を含みます）には適用されないこととなりますので（同条2項・3項）、この点には留意が必要となります。

(3)　小　　括

　以上より、改正民法施行の前後を問わず、届出を受けていた在留期間の満了を解約事由や取引制限事由とする追加条項は有効であり、変更時の既存顧客に対しても拘束力を有すると考えられます。

2　届出を受けていた在留期間の満了を解約事由とするか取引制限事由とするか

　届出を受けていた在留期間の満了を解約事由や取引制限事由とすることは前述のとおり有効な預金規定等の変更となりうると考えられるところ、解約事由と取引制限事由のいずれとすべきか、または解約と取引制限のいずれの原因ともしうるようにもしておくべきかについては、なお検討すべき点となります。

　この点、在留期間の満了を解約事由とする追加変更よりも契約を存続させ利用再開の余地を残す取引制限事由を追加する変更のほうが、預貯金者の不利益は軽減されることになりますので、有効性がより認められやすいものと考えられます。このように、有効性の確保を重視する観点からすれば、在留

第4章　在留外国人との間の預貯金取引の管理　151

期間の満了については取引制限事由としておくことが望ましいように考えられます（**資料**「モデル預金規定等」においては、届出を受けていた在留期間の満了を取引制限事由としています。**資料**「モデル預金規定等」12条2項参照）。

　他方で、FATCAにおいてみなし遵守FFIとして米国内国歳入庁に登録されており、その登録維持を希望する金融機関においては、在留期間の満了をもって解約事由とすることも検討すべきこととなります。すなわち、みなし遵守FFIとしての米国内国歳入庁登録を維持するには開設している預貯金口座の98%以上を日本の居住者が保有している状態を保たなければならないところ（**Q24**参照）、在留期間を満了した預貯金口座が解約されずに蓄積されていく場合には、その登録要件を維持できなくなる事態に陥ることもありうるためです。この点、在留期間の満了等を解約事由とする条項を新設しておけば、在留期間の満了によって帰国した外国人の預貯金口座の割合が増加し、みなし遵守FFIの状態を維持できなくなるおそれが生じた場合であっても、当該口座を解約することでその状態を維持することが可能となります。

31 預金規定等における準拠法・裁判管轄・言語に関する追加条項

Q 今般、当行は現行の預金規定について、預金取引の相手方に一定の在留外国人も相当数含まれることを前提とした内容に改定することを検討しています。この検討は、預金口座の譲渡、不正利用を防止する条項を追加することを主眼としていますが、別の観点から何か変更や追加すべき条項があるでしょうか

A 　預貯金取引の相手方に在留外国人が含まれることを前提としますと、その取引について適用される法が日本法であるのか、相手方である外国人の母国法となるのかが問題になることがあり、また、その取引に関する訴訟の管轄についても、日本の裁判所なのか当該在留外国人の母国の裁判所なのかが問題となりえます。そこで、預金規定等の改定にあたってはそれらの点について明らかにしておく条項が有用となります。また、預金規定等について外国語版を用意する、またはその用意を予定されているようであれば、日本語版と外国語版のどちらが優先するのかについても明らかにする条項を追加しておくべきです。

解説

1 入管法改正を契機とする預金規定等の改定

　2018年12月8日の入管法改正によって在留外国人がより一層増加することとなりました。このことに伴い、同月25日に公表された総合的対応策[1]においては「外国人が我が国で生活していくに当たっては、家賃や公共料金の支

1　前掲Q9脚注2。

第4章　在留外国人との間の預貯金取引の管理　153

払、賃金の受領等の様々な場面において、金融機関の口座を利用することが必要となることから、外国人が円滑に銀行口座を開設できるようにするための取組を進めていく必要がある」（同11頁）との課題が示され、併せて、「全ての金融機関において、新たな在留資格を有する者及び技能実習生が円滑に口座を開設できるよう、要請する。また、多言語対応の充実や、口座開設に当たっての在留カードによる本人確認等の手続の明確化など、銀行取引における外国人の利便性向上に向けた取組を行う」（同11、12頁）、「こうした取組について、金融機関において、パンフレットの配布等を通じてその内容を積極的に周知するとともに、ガイドラインや規定の整備に取り組む」（同12頁）といった具体的施策が明らかにされています。

　このように、金融機関は、この度の入管法改正により、預貯金取引の相手方に相当数の在留外国人が含まれることを前提とした対応を求められており、これを機に預金規定等について見直しを検討する金融機関も少なくないものと考えられます。

　その検討の主眼は、在留外国人に開設した預貯金口座の譲渡や不正利用の防止に置かれるものと見込まれるところですが（Q29、Q30参照）、預貯金取引の相手方に一定の在留外国人が相当数含まれることを前提に預金規定等を変更する場合には、以下で述べるとおり、準拠法、裁判管轄および言語に関する条項の追加導入についても合わせて検討されるべきです。

2　準拠法について

　預貯金取引の相手方が在留外国人である場合、その取引について適用される法が日本法であるのか、相手方である外国人の母国法となるのかが問題となることがありえます。

　取引の準拠法については、通則法7条が、取引当事者が取引時に選択した地の法による旨を規定していますが、かかる選択が明示的になされることは一般にまれであると考えられます。この点、在留外国人との預貯金取引は一般に消費者契約に当たると考えられるところ、同法11条は、消費者契約につ

154

いて上記選択がなされなかった場合には消費者の常居所地法によるとしていますので、在留外国人との預貯金取引については、基本的に日本法が適用されると考えられます。

　もっとも、通則法の解釈適用について争いが生じる場合もまったく想定できないわけではありませんので、日本法の適用を望む金融機関としては預金規定等に準拠法を日本法とする旨を明記しておくべきといえ、そのような取組みの実例も既にみられるところです。なお、準拠法に関する条項の参考例としては**資料**「モデル預金規定等」の15条を参照ください。

3　裁判管轄

　契約当事者間の当該契約に関する紛争について裁判を行う場合の管轄裁判所を契約に際してあらかじめ定めておく条項を一般に合意管轄条項といいます。管轄裁判所をあらかじめ定めておくことは、法律上、「管轄の合意」として認められており（民訴法11条）、実務的には、合意した管轄裁判所以外の裁判所に対する提訴を許さないよう、合意した管轄裁判所の管轄を専属的なものとする専属的合意管轄条項がよく用いられています。

　この専属的合意管轄条項の重要性は相手方が在留外国人である場合にはより一層高まります。仮に、在留外国人の母国の裁判所にて裁判を行う場合、日本における裁判とは異なる制度のために、当事者となる金融機関が不測の事務的経済的負担を余儀なくされてしまうことが懸念されるためです。

　そこで、預貯金取引の相手方に相当数の在留外国人が含まれることを前提とする預金規定等においては、日本における特定の裁判所（通常は金融機関の本支店の所在地を管轄する裁判所）を専属的管轄裁判所とする専属的合意管轄条項を規定しておくべきこととなります。なお、この裁判管轄に関する条項の参考例としては**資料**「モデル預金規定等」の15条を参照ください。

　また、預貯金取引は一般に消費者契約に当たるところ、民訴法３条の７第５項は消費者契約についての管轄合意を制限していますが、預貯金口座開設の際に相手方である在留外国人は日本国内に住所を有しているのが通常で

第４章　在留外国人との間の預貯金取引の管理　155

しょうから、日本の裁判所を管轄裁判所とする合意は有効であって、仮にその在留外国人が帰国した後であっても、金融機関は日本の裁判所において訴えを提起することができることになります（同項1号）。

4　言　　語

　上記のとおり、総合的対応策は金融機関に対して、多言語対応の充実や規定の整備を要請していますので、今後、預金規定等についても外国語版を用意する金融機関は徐々に増えていくものと考えられます。

　預金規定等に日本語版と外国語版がある場合において、万が一両者間に齟齬があると、そのどちらが正文として適用されるのかが問題となる事態がありえます。かかる事態への備えとしては、預金規定等に日本語版が正文であり、外国語版と齟齬がある場合には日本語版が優先する旨の条項を導入しておくことが有用となります。なお、言語に関する条項の参考例としては**資料**「モデル預金規定等」の16条を参照ください。

5　預金規定等に追加した上記各条項の既存顧客に対する拘束力

　預金規定等の内容を変更した場合、その変更内容を前提として新たに預貯金者となった者がそれに拘束されるのは当然ですが、それを変更する前に既に預貯金口座の開設を受けていた既存の預貯金者にまで当然に適用できるとは限りません（**Q30**参照）。

　この点、準拠法・裁判管轄・言語に関する上記の追加条項は、預貯金口座の譲渡、不正利用を防止する条項の追加に伴い、同条項と一体となって、総合的対応策の要請に応えるために必要となったものであって、専ら在留外国人との間の預貯金取引を規律することを目的とするものといえ、追加導入の目的が公益性を有するとの評価は十分にありえます。他方で、準拠法に関する追加条項が、通則法の原則に従えばそもそも日本法が適用される預貯金取引について確認的に定めておくものであることに照らせば、準拠法を日本法とすることはもちろん、日本国内の裁判所の利用や日本語を優先とする点に

ついても、預貯金者の権利を制限し、または預貯金者の義務を加重するものとは評しえないと考えられます。したがって、これらの上記の各追加条項を導入する預金規定等の変更も有効であり、変更時の既存の預貯金者に対しても適用できると考えられます。

32 在留外国人の預貯金者の所在が わからない場合の対応

Q 在留期間満了前の外国人預貯金者が、現在、届出を受けた 住所に住んでおらず、連絡がつきません。当該預貯金者の 口座を強制解約することができるのでしょうか。また、強 制解約以外にはどのような対応が考えられるでしょうか

A 外国人預貯金者が住所変更の届出をせず、その所在がわからな い場合も、当該預貯金者の口座が譲渡され不正に利用されてしま うというリスクがあるところ、このようなリスクを軽減するため、住所変更 の届出を怠ったことを解約事由とする条項を預金規定等に設けることが考え られます。

また、住所変更の届出を怠った預貯金者の預貯金口座について取引制限を し、所在不明の状態が解消された場合には当該制限を解除するという対応も 考えられます。

いずれの場合についても、外国人に対する差別的取扱いとならないよう、 個別具体的な事情に応じた慎重な対応が必要となります。

・・

解 説

1 預貯金者の所在がわからない場合のリスク

通常、口座開設の際、申込者は現住所を届け出ることとなっており、ま た、住所に変更があった場合には変更後の住所を届け出ることとなっていま すが（**資料**「モデル預金規定等」7条1項参照）、この点については外国人預 金者も例外ではありません。

しかしながら、実際には、預貯金者が住所変更を金融機関に届け出ない場 合があり、この場合には、金融機関が当該預貯金者の所在を把握することは

158

きわめて困難となります。中長期在留者等は住民票の登録が必要であるため（Ｑ４参照）、金融機関としては、権利行使や義務履行のために住所を知る必要がある場合等、一定の場合には預貯金者の住民票を取得して住所を確認することも可能ですが、仮にそのような場合であっても、そもそも当該預貯金者が転居したにもかかわらず住民票上の住所を変更していなければ、現住所を把握することはできません。

そして、金融機関が外国人預貯金者の所在を把握できない場合、当該預貯金者が第三者に口座を譲渡した上で帰国してしまっている可能性があり、譲渡された口座が不正に利用されるリスクがあるため、金融機関としては、このような譲渡された口座が不正に使用されるリスクを軽減ないし遮断するための方策を検討しておく必要があります。

2 所在不明を理由とする強制解約の可否

⑴ 現行の預金規定等に基づく強制解約

まず、所在不明という事態が生じないよう、口座開設時に、外国人の申込者に対し、住所が変わる場合には変更後の住所を届け出なければならないことを十分に説明する必要があります。しかし、そのような説明をしたとしても、外国人預貯金者が住所変更の届出をしない場合があると考えられるため、その場合に住所変更の届出をしなかったことを理由として預貯金口座を強制的に解約することができるかが問題となります。

この点、一般的な預金規定等には、住所等の届出事項について変更の届出をしなかったことを直接の解約事由とする規定はありません。

また、外国人預貯金者の所在がわからないことと、当該預貯金者の口座が譲渡され不正利用されることとの間の相関性の立証は困難であるため、法令・公序良俗に反する行為に利用されるおそれがあること等を解約事由とする条項に基づく強制解約も有効に行うことはできないものと考えられます。

その他、一般的な預金規定等には、本人確認等の確認を行うにあたって確認した事項に虚偽があることを解約事由とする規定も設けられていますが

第4章　在留外国人との間の預貯金取引の管理　159

（**資料**「モデル預金規定等」13条2項4号参照）、住所変更の届出を怠ったことをもって「虚偽」の届出をしたと評価することも困難です。

したがって、外国人預貯金者の所在がわからない場合に、現行の預金規定等に基づいて強制解約を行うことは困難であると考えられます。

(2) 住所変更の届出義務に違反したことを解約事由とする規定の新設

そこで、預金規定等を改定し、預貯金者が住所変更の届出義務（**資料**「モデル預金規定等」7条1項参照）に違反したことを解約事由とする条項[1]を新設することが考えられます（こうした規定を設けることは、届出義務の履行確保にもつながるものと思われます）。

上記1のとおり、外国人預貯金者が住所変更の届出を怠っている場合、当該預貯金者が既に帰国し、当該預貯金者の預貯金口座の利用目的が既に消滅している可能性があることや当該口座が譲渡され不正に利用されるおそれが高まることに照らせば、上記条項には有効性が認められるものと考えられます。追加条項の有効性の判断基準に関する詳細は**Q30**を参照ください。

もっとも、上記規定は主に外国人預貯金者が住所変更の届出を怠った場合を想定したものであるところ、日本人の預貯金者も住所変更の届出を怠る場合があるにもかかわらず、外国人預貯金者に対してのみ上記規定に基づく強制解約を行うとすると、外国人差別に当たるとの批判がなされるおそれがあります。したがって、上記規定を新設する場合、外国人に対する差別的取扱いとならないよう、当該規定の運用には注意が必要となります。

例えば、在留期間の満了等の場合とは異なり、住所変更の届出がなされていないだけであれば、外国人預貯金者がまだ日本国内にいて、引き続き口座を利用する可能性もあるところ、従前の勤務先からの給与振込や公共料金の引落しが継続している場合など、外国人預貯金者が日本国内にいることが合理的にうかがわれるような場合にまで、当該預貯金者が住所変更の届出を怠ったことを理由に口座を強制解約することは、外国人に対する差別的取扱

1　金融機関によっては、住所変更の届出義務の違反に限らず、広く「本規定に違反する場合」を解約事由としている例もみられます。

いであると評価されるおそれがあります。

　以上のとおり、預貯金者が住所変更の届出義務に違反したことを解約事由とする規定を新設する場合、当該規定の運用にあたっては、個別具体的な事情に応じた慎重な対応が必要となります。解約を行った場合の事後処理に関する詳細は**Q33**を参照ください。

3　取引制限による対応

　所在不明の外国人預貯金者の口座が不正に利用されることを防止するという目的を達成するためには、当該口座について取引制限をすれば十分であるとも考えられるため、預貯金者が住所変更の届出義務に違反した場合に取引制限をすることができる旨の規定を新設するという方法も考えられます。なお、届出義務違反を直ちに解約事由とする追加変更よりも契約を存続させ利用再開の余地を残す取引制限事由を追加する変更のほうが、預貯金者の不利益は軽減されることになりますので、有効性がより認められやすいと考えられますが、取引制限により預貯金者が被る不利益も小さくはない[2]ため、当該規定の運用にあたっても、個別具体的な事情に応じた慎重な対応が必要となります。取引制限を行った場合の事後処理に関する詳細は**Q33**を参照ください。

2　口座への振込が制限されている間に振込人が無資力になる、口座振替が制限されることにより支払先に対する債務不履行が発生する、といった不利益が考えられます（中田裕康「銀行による普通預金の取引停止・口座解約」金法1746号19頁）。

第4章　在留外国人との間の預貯金取引の管理　161

33 在留外国人の預貯金口座について
取引制限や解約をした場合の事後処理

Q
在留期間の満了等を取引制限事由・解約事由とする規定を新設し、そうした規定に基づき預貯金取引の制限や預貯金口座の強制解約を行った場合、取引制限・解約後の対応はどのようにすればよいでしょうか

A
　　　預貯金取引を制限する場合、基本的には預貯金口座は維持され、預貯金口座内に預貯金が残った状態が続くことになりますが、取引制限から10年以上が経過した預貯金については、休眠預金等活用法に従い、預金保険機構に移管するという処理が可能です。

　また、預貯金口座を強制解約する場合には解約代り金の返還が問題となりますが、これについては、弁済供託により返還債務を消滅させる方法や返還債務の時効消滅を主張する方法により対応することが考えられます。

解 説

1　預貯金取引を制限する場合（休眠預金等活用法に従った対応）

　外国人預貯金者の在留期間の満了等の場合に、預貯金口座の強制解約までは行わず、取引制限のみを行う場合、当該預貯金口座は維持され、当該預貯金口座内に預貯金が残った状態が続くことになります。

　もっとも、取引制限から10年以上が経過した預貯金については、2018年1月施行の民間公益活動を促進するための休眠預金等に係る資金の活用に関する法律（以下、本設問において「休眠預金等活用法」といいます）に従って処理することができます。以下、同法について説明します。

(1)　休眠預金等活用法成立の背景

　2014年度から2016年度までに、預金者等が名乗りを上げないまま10年間放

162

置された預金等が毎年1200億円程度発生していたことから、①子どもおよび若者の支援、②日常生活等を営む上で困難を有する者の支援、③地域活性化等の支援といった民間団体が行う公益活動に休眠預金等を活用することを目的として、休眠預金等活用法が制定されました。

(2)　休眠預金等活用法の概要

金融機関は、「休眠預金等」（10年以上入出金等の「異動」（預金等を利用する意思を表示したものと認められるような事由。休眠預金等活用法2条4項）のない普通預金等[1]。同条6項）について、最後の異動から9年が経過し、10年6カ月が経過するまでの間に電子公告および預金者への個別の通知（1万円以上の残高がある場合に限る）を行った上で（同法3条）、「休眠預金等移管金」（休眠預金等に係る債権の額に相当する額。同法4条）を預金保険機構に納付することで、当該休眠預金等を預金保険機構に移管することができます（同条）。なお、通知が到達した場合や預金者等から照会があったような場合には、それが新たな異動となるため、さらに10年が経過しなければ預金保険機構への移管はできません。

そして、金融機関から預金保険機構に納付された休眠預金等移管金の一部が、指定活用団体、資金分配団体といった団体を通じて民間公益活動を行う団体に交付され、民間公益活動に活用されることになります。

(3)　ま と め

金融機関は、在留期間の満了等を理由として外国人預貯金者の預貯金口座について取引制限を行った場合、当該制限から10年が経過した時点で、10年以上入出金等の異動がなかったとして、当該預貯金口座内の預貯金について預金保険機構に移管するという処理が可能です。

2　預貯金取引を終了する場合（解約代り金の返還）

在留期間の満了等を理由として預貯金口座を強制的に解約する場合、外国

1　2009年1月以降に最後の取引等の「異動」があった預金等が原則として対象となります。

人預貯金者は既に帰国しており、当該預貯金者と連絡が取れないケースがほとんどであると思われるため、解約代り金をどのようにして返還するのかという問題が生じます。

(1) 弁済供託

まず、弁済供託により解約代り金の返還債務を消滅させることが考えられます。

弁済供託とは、①債権者が弁済の受領を拒んだ場合（受領拒否）、②債権者が弁済を受領することができない場合（受領不能）、③弁済者の過失なくして債権者を確知することができない場合（債権者不確知）において、債務者が国の機関である供託所に債務の目的物を預けることで債務を消滅させる制度です（現行民法494条）。そして、外国人預貯金者が帰国し、その所在がわからない場合、上記②の受領不能の場合に当たるとして弁済供託を行うことができます。

弁済供託は、預貯金の取扱店を管轄する供託所に供託書・供託金を提出する方法により行います。

(2) 消滅時効の主張

上記弁済供託による方法に加え、消滅時効を主張するという手段も考えられます。

預貯金口座の解約から5年（金融機関と預貯金者の双方が商法上の「商人」に当たらない場合には10年）が経過した後、当該預貯金口座の名義人が解約代り金の請求を行った場合、金融機関がそのタイミングで時効援用をすれば、解約代り金の返還義務は消滅することになります（商法522条、現行民法167条1項[2]）。なお、預金規定等に「通知により解約する場合、到達のいかんにかかわらず、当行が解約の通知を届出のあった氏名、住所にあてて発信した時

---

2 改正民法においては、債権は、債権者が権利を行使することができることを知った時から5年間行使しないときまたは権利を行使することができる時から10年間行使しないときに時効消滅する、とされています（改正民法166条1号ないし2号）。また、改正民法施行時に、商事債権の消滅時効期間を5年とする現行の商法522条は削除されます。

に解約されたものとします」（**資料**「モデル預金規定等」13条２項なお書参照）といった内容の規定が設けられている場合には、解約通知を預金者から届出のあった住所に宛てて発送した時点で解約されたものとみなされるため（**Q 28**参照）、解約通知の発送から５年または10年が経過することにより時効が完成することになります。

34 帰国しても預貯金口座を維持したいという 申出への対応

Q 当行に預金口座を開設した外国人から、在留期間満了に伴い帰国するが、当該口座を維持したいとの要望がありました。どのように対応すればよいでしょうか

A 　非居住者による預貯金口座の保有自体は法律上可能であるため、金融機関としては、まず、外国における住所を届出住所として登録することから生じる事務手続上の問題やFATCAとの関係なども勘案した上で原則として金融機関として応じるべきかを決めます。

預貯金口座の維持について合理的な理由がある場合に限りこれを認めるなど、個別具体的な対応で不必要に口座維持を認めないよう工夫することが必要です。他方、預貯金口座の維持を認めない場合には、預金規定等に在留期間が満了した場合に取引制限や口座の強制解約をすることができるという規定や口座の保有者を外為法上の「居住者」に限る規定などを定め、最終的には同規定による取引制限や解約を行うことができる規定を整備しつつ、まずは任意解約するよう説得することが望ましいといえます。

解説

1 口座維持の可否

米国の銀行などでは米国外の住所の登録も認め、預貯金口座の保有者を米国居住者に限らない運用をしているところもあるようですが、日本でもそのような運用が認められるでしょうか。

まず、外為法上、日本国内にある事務所に勤務する外国人または日本国内に入国後 6 カ月以上経過するに至った外国人が「居住者」、それ以外の外国人は「非居住者」とされているところ、在留期間満了に伴い帰国した外国人

は原則として「非居住者」に当たることになります（**Q22**参照）。そして、日本国内に本店を置く金融機関と「非居住者」との間で行われる、預貯金契約に基づく債権の発生、変更または消滅に係る取引（例えば預金の受入れや預金の払戻しなどをいい、以下、本設問において「債権の発生等に係る取引」といいます）は、外為法上の「資本取引」に当たり（**Q22**脚注1参照）、場合によっては許可を得る必要があるなど同法の規制を受けることにはなります。もっとも、かかる許可が不要な場合や、許可が必要な場合であっても許可を受けた場合は、債権の発生等に係る取引も可能であり、そのような取引がおよそ禁止されているわけではありません（**Q22**参照）。そのため、帰国した外国人預貯金者の預貯金口座を維持することも法律上は可能です。

2　口座の維持を認めるべきか否か判断する際に考慮すべき点

前述のとおり、帰国した外国人預貯金者の名義の預貯金口座を維持することも法律上は可能ですが、帰国した外国人預貯金者の預貯金口座を維持する場合、当該預貯金者の所在を把握しておくために、その海外における住所を届出住所として登録することを認める必要があり、まずシステム上可能かという問題があります。また、それを認めた場合には例えば通知なども外国に対してしなければならず、管理費などがかさむという問題も生じます。加えて、FATCAにおいてみなし遵守FFIとして米国内国歳入庁に登録されており、登録の維持を希望する金融機関の場合、預貯金口座の98%以上を日本の居住者が保有している状態を保たなければなりませんが、帰国した外国人預貯金者の預貯金口座を維持すると、そのような状態を保つことができなくなる可能性もあります（**Q24**参照）。

したがって、まずは以上のような観点から、金融機関として帰国した外国人預貯金者の預貯金口座を維持すべきかを検討する必要があります。

3　預貯金口座の維持を認める場合の対応

検討の結果、方針として預貯金口座の維持を認めた場合でも、在留期間満

了に伴い帰国する場合に預貯金口座を維持したいとの要望をすべて受けるべきかというとそうではありません。

在留期間が満了した外国人預貯金者の預貯金口座維持を認めれば、預貯金口座が不正に譲渡されたり犯罪利用に供されたりするリスクが高まるものと分析できます（Q12参照）。したがって、かかる観点からはできるだけ制限的に取り扱いたいという要請が働きます。

他方で、在留期間の満了後に未払いの給与が振り込まれ、または未払いの引落しが行われる予定がある場合など、預貯金口座を維持すべき合理的な理由がある場合にまで一律に預貯金口座維持を認めないとすれば、外国人に対する差別的取扱いであると評価されるおそれもあり、悩ましい問題であるといえます。

そこで、金融機関としては、最終的には後述するように取引制限や口座解約ができる旨の規定を完備しつつ、まずは預貯金口座の維持を希望する理由を十分に確認することが考えられます。かかる説明を受け、預貯金口座を維持すべき合理的な理由があると判断した場合には、解約申込書の提出を帰国前に受けつつ、解約自体は一定の期間経過後に効力が発生するようにし、他方、合理的な理由がないと判断した場合には任意解約を促すなど、不必要に預貯金口座維持を認めないよう個別具体的な事情に応じた工夫をすることを検討すべきです。

4 預貯金口座の維持を認めない場合の対応

検討の結果、預貯金口座の維持を認めない方針を採用した場合には、以下のような対応が考えられます。

(1) 預金規定等への追加変更

外国人預貯金者の在留期間が満了した場合に、当該預貯金者の預貯金口座を利用できないようにするための方法としては、在留期間が満了した場合には取引制限をする、あるいは当該預貯金口座を強制的に解約する旨の規定を新設し、そうした規定に基づいて取引制限や預貯金口座の強制解約を行うこ

とが考えられます（Q30参照）。

　また、上記以外にも、預貯金口座の保有者を外為法上の「居住者」に限るという定め方をすることも考えられます。

(2) 任意解約に向けた説明

　もっとも、上記規定を定めた場合であっても、海外の住所登録を拒否した上で在留期間の満了を待つのではなく、在留期間の満了前に、預貯金口座の維持を希望する外国人預貯金者に対して任意解約を促すのが望ましいでしょう[1]。なお、上記の規定がなかったとしても任意解約を求めることは可能ですが、預貯金口座の維持を希望する外国人預貯金者に対して、単に任意解約を求めただけでそれに応じるとは考えられません。上記の規定を整えておけば、外国人預貯金者が任意解約に応じなかったとしても、最終的には当該規定に基づき取引制限や預貯金口座の強制解約ができる旨を説明することができるため、任意解約をするよう誘導しやすくなると考えられます。

　そして、任意解約を促したにもかかわらず、当該預貯金者が任意解約を行うことなく帰国した場合には、上記規定に基づき取引制限等を行うことになります。

1　金融庁は、外国人預貯金者の勤務先に対しても、当該預貯金者が帰国することになり、預貯金口座を利用しなくなるときは、預貯金口座を解約するよう当該預貯金者に対して伝えることを求めています（金融庁「外国人の預貯金口座・送金利用について」（https://www.fsa.go.jp/news/30/20190411/01.pdf)）。

第4章　在留外国人との間の預貯金取引の管理　169

35 預貯金者である在留外国人が死亡した場合の対応

Q ある在留外国人預貯金者の相続人という人から、「預貯金者が死亡した。自分が相続人なので、預貯金を払い戻したい」という連絡がありました。その相続人に対して払戻しをしてもよいでしょうか

A 相続制度は国ごとに異なるため、まずはどの国の法律が相続の準拠法になるかを確認する必要があります。相続制度により、相続人に直接払い戻すことができる場合もあれば、相続人ではなく相続財産の管理者に払い戻さなければならない場合もあります。また、払戻しを請求してきた人が間違いなく相続人や相続財産の管理者か、請求してきた人のほかに相続人はいないかなどを確認した上で払い戻す必要があります。在留外国人の預貯金者が死亡した場合に払い戻す相手などを正確に判断することは一般的に難しく、またその判断にはリスクを伴いますので、現実的な対応としては弁済供託をすることが考えられます。

・・・

解 説

1 預貯金者の死亡

　預貯金者が死亡した場合、被相続人が有していた預貯金債権が相続されます。金融機関としては、相続によって誰に預貯金債権が帰属し、誰に払戻しをすればよいかが大きな問題となり、とくに死亡した預貯金者が外国人であった場合は、準拠法、相続方式の違い、相続人の確定の困難さなどから、帰属先や払戻先が誰かという問題はより複雑になります。

170

2　準　拠　法

外国人の相続についてまず注意しなければならないのは、どの国の法律が相続の準拠法になるか、という点です。

(1)　通則法の規定

通則法では、「相続は、被相続人の本国法による」（同法36条）としており、被相続人の本国法（国籍を有する国の法律）が準拠法となります。そこで、被相続人の国籍国が相続の準拠法についてどのような規定をしているかがさらに問題となります。

(2)　各国の準拠法

ア　相続統一主義

相続の準拠法の定め方には、相続財産を動産や不動産などで区別をせず（相続統一主義）被相続人の本国法を準拠法とする（本国法主義）例があります。例えば、韓国法では相続の準拠法は被相続人の本国法によるとされているため（韓国国際私法49条1項）、被相続人が韓国人である場合の準拠法は韓国法になります。

なお、相続統一主義を採用し、被相続人の住所地法を準拠法としている国もありますが（スイスや南米諸国の一部）、本国法主義を採用している国が多いとされています[1]。

イ　相続分割主義

他方、相続財産を不動産と動産で区別し、不動産は所在地法を準拠法とし、動産は被相続人の住所地法、常居所地法、本国法を準拠法とする例があります（相続分割主義）。英米法系諸国やフランスなどヨーロッパの国の一部、中国は相続分割主義を採用しているとされています[2]。

例えば、中国は、原則として被相続人の死亡時の常居所地法を準拠法とし、不動産は不動産所在地法による、とされています（中華人民共和国渉外

1　櫻田嘉章＝道垣内正人編『注釈国際私法(2)』189頁（有斐閣、2011年）。
2　前掲脚注1・櫻田＝道垣内編・189頁。

民事関係法律適用法31条)。

預貯金は原則に従って「常居所地」の法律が準拠法とされますが、「常居所地」の判断は、継続して1年以上居住し、かつ生活の本拠とする場所、とされています(「中華人民共和国渉外民事関係法律適用法」の適用に関する若干の問題についての最高人民法院の解釈(一)15条)。したがって、常居所地が日本であれば日本法が準拠法となり、常居所地が中国や他の国であれば、それらの国の法律が準拠法となります。

ウ　被相続人による準拠法選択

相続の準拠法を被相続人が指定することを認めている国もあります。

例えば韓国では、被相続人が遺言で明示的に、常居所地法または(不動産について)不動産所在地法を指定した場合はその法律によるとしています(韓国国際私法49条2項)。

3　相続の方式

相続の方式も国によって異なるため、個々の相続に関する準拠法においてどのような方式が採られているかを確認する必要があります。

(1)　包括承継主義と管理清算主義

相続の方式には、被相続人が有していた資産、負債の一切が相続人に承継される「包括承継主義」と被相続人の遺産は直接相続人に承継されず、被相続人の資産によって負債が清算された後、なお残余財産がある場合に相続人に承継される「管理清算主義」の2つがあります。日本を含め、大陸法系諸国では包括承継主義が採用され、英米法系諸国では管理清算主義が採用されています[3]。

(2)　相続の方式による払戻し先の違い

包括承継主義を採用する国の法律が準拠法となる場合は、預貯金債権は相続人に直接承継されるため、預貯金は相続人に直接払い戻すことになりま

3　前掲脚注1・櫻田＝道垣内編・187頁。

す。

　他方、管理清算主義を採用する国の法律が準拠法となる場合は、預貯金債権はいったん相続財産を管理する「人格代表者」（personal representative）に帰属するため[4]、預貯金は人格代表者に払い戻すことになります。

4　相続人、人格代表者の確認

　相続人や人格代表者と名乗る人が預貯金の払戻しを請求してきた場合、その人が実際に相続人や人格代表者であるかを確認する必要があります。また、相続人と名乗る人が請求する金額が、相続割合に従ったものであるかを確認する必要があります。

(1)　相続人の確認

　国ごとの相続制度の違いにより、相続人の範囲や相続割合も異なり、これらを正確に理解するためには当該国の相続制度の理解が必要です。

　また、預貯金者である被相続人の身分関係を客観的資料に基づいて確認する必要があり、例えば結婚証明書や出生証明書など身分関係に関する証明書が発行される場合は、それらの書類を確認することが考えられます。ただし、それらの書類では、日本の戸籍のように出生から死亡までの身分関係の変動を把握することはできないので、例えば証明書を提出した人以外に相続人がいないか、また、配偶者と名乗る人が実際は離婚などにより相続人の地位を失っていないか、といったことまで確認することはできません。また、そもそも外国における証明書については、その記載内容の把握やそれが偽造されたものでないかなどの確認も金融機関には容易ではないのが一般的と考えられるところです。

(2)　人格代表者の確認

　管理清算主義を採用する国では、人格代表者は、相続の準拠法となる国の裁判所によって選任されるため[5]、裁判所の選任書があればそれを確認する

4　前掲脚注1・櫻田＝道垣内編・187頁。
5　前掲脚注1・櫻田＝道垣内編・187頁。

第4章　在留外国人との間の預貯金取引の管理　173

ことが考えられます。ただし、そのような書面があっても、通常目にすることが少ない外国の裁判所の書面については、その記載内容の把握や偽造されたものでないことをどのように確認するかという問題があります。

5　供　　託

前述のように、預貯金者である在留外国人に相続が生じた場合に相続人等に払戻しをする際には、準拠法、相続の方式、相続人や人格代表者の確認などを経て、払戻しの可否を判断しなければならず、一般的にそれらは容易ではないと考えられます。また、払い戻した後に、払戻しを受けた人が相続人ではなかったことが判明したり、別の相続人が出現したり、人格代表者とされる人が正式に選任されていなかったことが判明したりする、といったリスクがあります。

したがって、金融機関の実務対応としては「債権者不確知」を理由に、弁済供託をすることが考えられます（現行民法494条、改正民法494条2項）。

(1)　弁済供託の要件（債権者不確知）

「債権者不確知」とは、債権者が誰であるかを確知できないことをいいますが、債権者が死亡し相続が開始されたものの、相続人が誰であるか事実上知りえない場合も「債権者不確知」に該当するとされています[6]。また、現行民法では「弁済者が過失なく債権者を確知することができないとき」とされていますが、前述のとおり外国人の相続人を正確に知ることは容易ではないため、外国人の預貯金者が死亡してその相続人がわからないことは「過失なく債権者を確知することができない」場合に該当すると解されます。

(2)　供託手続

供託をする場合、供託書に必要事項（申請年月日、供託所、供託者の住所氏名、被供託者の住所氏名、供託金額、供託の原因たる事実）を記載します。

債権者が死亡して相続人がわからない場合、被供託者の住所は被相続人の

6　法務省「供託Q&A」【Q2】弁済供託とは、どのような供託ですか（http://www.moj.go.jp/MINJI/minji06_00055.html#02）。

174

最後の住所地を記載し、氏名には「○○（被相続人の氏名）の相続人」と記載します。また、「供託の原因たる事実」には「供託者は、被供託者に対し、預貯金債務を負っているが、被供託者が死亡し、その相続人の住所および氏名が不明であり、債権者を確知することができないため、供託する」といった記載をします[7]。

　なお、実務上、債権者は相続人の有無や相続放棄の有無を調査する必要はないとされており、この点については外国人の相続についても別異に解する理由はないと考えられますので、外国人の相続人等について調査することや、調査したが判明しなかったという資料を提出する必要はありません。

7　法務省「供託書等の記載例（債権者不確知（債権者が死亡し、その相続人が不明の場合の供託））」（http://www.moj.go.jp/content/001250428.xls）。

コラム 4 在留期間の満了以外の事由による在留資格の喪失

　在留外国人は在留期間が満了した場合、在留資格を喪失して帰国することになりますが、在留外国人の預貯金者の預貯金口座については、当該預貯金者が帰国に際して第三者に譲渡し、不正な利用に供されるリスクがあります（Q28参照）。

　このリスクは帰国に際して生じるものですが、在留外国人が帰国する契機は在留期間の満了に限られるわけではありません。すなわち、在留外国人は、在留資格を取り消された場合（入管法22条の4）や再入国の許可（同法26条）を受けることなく出国した場合、退去強制令書が発布された場合（同法47条5項、49条6項）においても在留資格を喪失することになり、これらの場合にもその預貯金口座が第三者に譲渡されるリスクは生じます。

　そうであれば、第三者への譲渡のリスクを少しでも低減させるといった観点からは、預金規定等における取引制限事由や解約事由（以下、本コラムにおいて「取引制限事由等」といいます）に届出を受けた在留期間の満了の設定（Q30参照）のみならず、より広く在留資格の取消し等も導入しておくべきとも考えられます。

　しかしながら、現状では実際に在留資格を取り消されたか、再入国の許可を受けずに出国したか、退去強制を受けたかといった事情を直ちに金融機関が把握することは困難であると考えられます（事の性質上、これらの事情が出入国在留管理庁の「在留カード等番号失効情報照会」（Q15参照）に失効情報が反映されるまでには一定のタイムラグが生じるものと考えられます）。

　総合的対応策[1]においては、不法滞在者等への対策強化のための具体的施策として「不法滞在事犯、偽装滞在事犯等の取締りの推進のため、地方入国管理官署が警察等の関係機関との協力関係を強化し、緊密な情報共有を行う」と示されていますが（同29頁）、上記リスクを実効的に低減させるためには、在留外国人の在留資格の喪失に関する情報が金融機関にも直ちに適時に連携されるような取組みについて積極的な検討が進むことが期待されるところです。

　以上に関して、現状の実務においては、例えば、在留外国人の預貯金者について在留期間の満了前に在留資格が取り消されたとの情報がその勤務先から金融機関に寄せられたような場合において、当該在留外国人の預貯金口座について取引制限や解約ができるのかが問題となることが想定できます。前述のとお

1　前掲Q9脚注2。

り、在留資格の喪失を取引制限事由等に導入したとしても、その一般的な実効性には疑義がありますので、**資料**「モデル預金規定等」では導入していませんが、念には念をといった発想で、上記のような事案にも備えておこうという場合には「在留資格の喪失が合理的な事由により疑われる場合」といった条項を取引制限事由等の１つとして規定しておくことも検討に値すると考えられます（実際の運用に際しては、合理的な事由の具備について慎重な吟味が必要になるのはもちろんです）。

　また、そのような取引制限事由等の追加まではしないとしても、在留資格の取消し等の理由のいかんによっては、一般的な現行の預金規定等に設けられている「預金が法令や公序良俗に反する行為に利用され、またはそのおそれがあると認められる場合」といった内容の規定に該当するとして、預貯金口座の解約に踏み切るという対応も考えられるところです（**Q28**参照）。

第 5 章

在留外国人とのその他の取引における留意点

36 在留外国人による外国への送金依頼への対応①（外為法による規制）

Q 当行に預金口座を開設した在留外国人から、本国であるＸ国の父親の口座へ金200万円相当額をＸ国の通貨に両替した上で送金したいという依頼を受けました。外為法上、対応しても問題ないでしょうか。また、対応してもよい場合にはどのような手続が必要でしょうか

A 外為法は、例えばテロリストなどの経済制裁対象者に対して外国送金をする場合などにはあらかじめ主務大臣による許可を受ける必要があることを定めているため、本設問における外国送金がそのような許可を必要とする支払に該当しないか、これに該当する場合には許可を得ているかについて確認をする必要があります。その上で本人確認義務を実施し、取引記録を作成・保存する義務があります。なお、本設問における外国送金は、日本から外国に向けた支払を行う場合であるため、支払等に関する報告書の受理および財務大臣への提出も問題となりますが、3000万円に相当する額以下の支払についてはその例外に該当するため、本設問との関係では不要です。

加えて、外為法は、外国送金とは別に、200万円相当額を超える両替業務についても本人確認義務および取引記録作成・保存義務を課していますので、これらも実施する必要があります。

解説

1 外為法とは

外為法は、外国為替、外国貿易その他対外取引を総合的に対象とする日本の対外取引の基本法です。具体的には、同法は、外国為替、外国貿易その他

の対外取引について基本的には自由としつつ、対外取引の正常な発展と日本および国際社会における平和と安全を維持し、もって国際収支の均衡および通貨の安定を図り、日本経済の健全な発展に寄与するという目的（同法1条）のもと、必要最小限度の管理または調整として、資金決済や資金移動などに関する規制を定めています。

2　支払規制

　外為法は1949年に制定され（当時の名称は「外国為替及び外国貿易管理法」）、当初は日本における対外取引を原則禁止し、対外取引について許可または事前届出を必要とし、すべての対外取引のための決済を原則として外国為替銀行に行わせるなどの為替管理も厳しく行っていましたが、その後の改正において、かかる外国為替銀行制度や事前の許可・届出制を原則として廃止し、対外取引は原則自由に行うことができるようになりました。

　もっとも、現在においても対外取引は完全に自由ではなく、主務大臣（財務大臣および経済産業大臣）は、「国際約束を誠実に履行するため必要があると認めるとき」「国際平和のための国際的な努力に我が国として寄与するため特に必要があると認めるとき」または「我が国の平和及び安全の維持のため特に必要がある」として対応措置を講ずべき旨の閣議決定が行われたときは、日本から外国に向けた支払（国外送金）や非居住者との間で「支払又は支払の受領」（以下、本設問において「支払等」といいます）をしようとする居住者について、許可を受ける義務を課すことができます（外為法16条1項）。このような規制を支払規制といいます。

　具体的な支払規制は世界情勢などにより変更することもありますが、現在は主として経済制裁措置として実施されており、①制裁対象者に係る支払規制（例えば、タリバーン関係者などテロリストへの支払、北朝鮮に住所地や居所を有する自然人への支払など）、②貿易に関する支払規制（例えば、北朝鮮を原産地または船積地域とする貨物の輸入および仲介貿易取引、北朝鮮を仕向地とする貨物の仲介貿易取引など）および③資金使途規制（例えば、北朝鮮の核関連活

第5章　在留外国人とのその他の取引における留意点　181

動などに寄与する目的の取引、イランの核関連活動やイランへの大型通常兵器などの供給に関連する活動に寄与する目的の取引など）が定められています。

3　適法性の確認義務

　外為法17条は、金融機関に対して、顧客による支払等が同法16条に定める主務大臣による許可を受ける義務が課された支払等に該当しないこと、またはこれに該当する場合には主務大臣による当該許可を得ていることを確認する義務を課しており、かかる確認をした後でなければ当該支払等に係る為替取引を行ってはならない旨定めています。実務的には、金融機関が外為法令などの規定を遵守するために必要となる態勢整備などに関し財務省が基本的な考え方を示した「外国為替検査ガイドライン」[1]の「第2章　2. 資産凍結等経済制裁に関する外為法令の遵守状況に関する項目」に従った確認をすることになります。例えば、制裁対象者に係る支払規制の場合、金融機関は、外為法上の許可を要する支払等か否かを確認するために必要な情報（仕向国、被仕向銀行、送金目的、送金人および受取人の氏名・名称、住所・所在地（国または地域））を把握するために顧客からその申告を受け、かかる情報と「制裁対象者リスト」内の情報との類似性があらかじめ設定された一定の比率以上になる場合に、当該支払等に係る事務処理を自動的に中断するプログラムが組み込まれた情報システム（以下、本設問において「自動照合システム」といいます）などを用いてその該当性を確認することになります。その結果、主務大臣の許可が必要な支払等に該当することが認められる場合には、当該顧客から支払等に係る許可証の提示を求め、当該許可を得ていることを確認した上で、当該支払等に係る取引を行うことになります（外為省令6条、貿易関係貿易外取引等に関する省令（平成10年通商産業省令第8号）8条）。

　本設問でも、金融機関は、まずX国や父親が経済制裁措置の対象となっているなどの理由により、同人に対する送金について許可を得る必要がないか

1　https://www.mof.go.jp/international_policy/gaitame_kawase/inspection/g_zenbun.pdf

を自動照合システム等により確認します。その結果、許可を受ける必要があると判断された場合には顧客に対して許可証の提示を求め、必要な許可を取得していることを確認した上で、外国送金を実行する必要があります。

4　本人確認義務

犯収法上、特定取引を実施する際には取引時確認として本人確認義務が課されていますが（**Q14**参照）、外為法上においても①特定為替取引（同法18条）、②資本取引（同法22条の2）および③両替業務（同法22条の3）に関して本人確認義務が定められています。

本設問では両替を実施した上で外国送金を希望しており、①特定為替取引と③両替業務が問題となりうることから、ここではこれらについて解説します。

(1)　特定為替取引

外為法は、顧客と「本邦から外国へ向けた支払又は非居住者との間でする支払等」に係る10万円相当額超の為替取引を特定為替取引とし、本人確認義務を課しています（同法18条1項、外為令7条の2）。なお、為替取引については法律上定義がありませんが、判例において「顧客から、隔地者間で直接現金を輸送せずに資金を移動する仕組みを利用して資金を移動することを内容とする依頼を受けて、これを引き受けること、又はこれを引き受けて遂行することをいう」と定義されており[2]、本設問のような外国送金はまさに為替取引に該当します。

具体的には、犯収法の場合と同様の手続を実施することになりますので[3]、本設問の場合、金融機関は、在留カードの提示を受けるなどの方法により、氏名、住所または居所および生年月日を確認する義務があります。

2　最三小決平13.3.12（刑集55巻2号97頁・金法1613号77頁）。
3　前掲脚注1「第2章3-3　本人確認義務等の履行（除く両替業務）」および「3-2　両替業務における取引時確認等の履行」参照。

第5章　在留外国人とのその他の取引における留意点　183

(2) 両替業務

　本設問において、口座保有者は、Ｘ国の父親名義の口座に送金する前に日本円をＸ国の通貨に両替をすることを依頼しています。この点、両替業務（外国通貨または旅行小切手の売買を行うこと）については、その両替額が200万円相当額を超える場合には、本人確認を行う必要もあります（外為法22条の３、外為令11条の６）。ここでも犯収法の場合と同様の手続を実施することになりますので、本設問の場合、金融機関は、在留カードの提示を受けるなどの方法によりこれを実施します[4]。

5　記録作成義務

　金融機関は、本人確認を行った場合には、直ちに、財務省令で定める方法により、本人特定事項その他の本人確認に関する事項として財務省令で定める事項に関する記録（以下、本設問において「本人確認記録」といいます）を作成しなければなりません。また、かかる本人確認記録は、特定為替取引や両替業務が終了した日その他の財務省令で定める日から、７年間保存する必要があります（外為法18条の３、22条の３）。

6　財務大臣への報告義務

(1) 支払等に関する報告書の受理および提出

　①「居住者若しくは非居住者が本邦から外国へ向けた支払若しくは外国から本邦へ向けた支払の受領をしたとき」、または②「本邦若しくは外国において居住者が非居住者との間で支払等をしたとき」は、政令で定める場合を除き、支払等の内容、実行の時期、報告者の氏名および住所または居所、支払または支払の受領の別およびその金額、支払等の実行の日などについて財務大臣への報告が必要となります（外為法55条１項、外為令18条の４第３項）。そして、かかる報告は、支払等が金融機関による為替取引によってされるも

4　前掲脚注１「第２章３－２　両替業務における取引時確認等の履行」参照。

のである場合には、当該金融機関を経由してこれをすることとなっています（同令同条2項）。具体的には、金融機関が顧客から必要事項が記載された「支払又は支払の受領に関する報告書」[5]の提出を受け、これを日本銀行を経由して財務大臣に提出することになります。

　もっとも、支払等に係る報告は政令による例外に該当する場合には不要となり、例えば3000万円に相当する額以下の支払等の場合がこれに当たります（外為令18条の4、外為報告省令1条）。したがって、このような例外を確認しながら必要な報告書の提出を行うことになります。

(2)　両替業務に関する報告義務

　外為法は、原則として月中100万円相当額を超えて両替を行った金融機関に対して、月中の両替業務についての件数、金額、200万円相当額を超える取引の件数を財務大臣に報告する義務を課しています（同法55条の7、外為報告省令18条1項）。したがって、窓口業務としては報告のために記録を付けておく必要があります。

5　日本銀行ホームページ「「支払又は支払の受領に関する報告書」の報告概要」（https://www.boj.or.jp/about/services/tame/t-houkoku.htm/）。

第5章　在留外国人とのその他の取引における留意点　185

37 在留外国人による外国への送金依頼への対応② （国外送金等調書法および犯収法による規制）

Q 預金口座を開設した在留外国人から本国であるＸ国の父親名義の口座へ金200万円相当額をＸ国の通貨に両替した上で送金したいという申出を受けたというQ36と同様の事例で、外為法以外の国内法令で遵守すべき規制はあるでしょうか

A 　外国送金の際に問題となる規制としては、外為法による規制以外にも、国外送金等調書法や犯収法による規制があります。まず、金融機関は、外国送金を実施する際、国外送金等調書法に基づく本人確認を実施し、告知書を受理する必要があります。加えて、送金額が100万円相当額を超える場合は税務署へ国外送金等調書を提出する義務もあります。また、犯収法との関係では、金融機関は、取引時確認や疑わしい取引の届出に加え、外国送金特有の規制として外国所在為替取引業者との契約締結の際の確認や外国為替取引に係る通知義務を負っています。また、外国送金を行う場合の留意点についてはマネロンガイドラインにも言及があり、金融機関は、上記法令の遵守はもちろん、送金先の金融機関におけるリスク管理態勢の監視や自らのリスク管理態勢や低減措置等の状況を送金先に説明することなどにより、外国送金によるマネー・ローンダリングやテロ資金供与のリスクの特定・評価・低減を着実に行うことが求められています。

解説

1 国外送金等調書法に基づく義務

　国外送金等調書法は、銀行など当該法令において定める金融機関に対して、外国送金または外国からの送金等の受領をする顧客から外国送金等に係

る告知書を受理し、顧客の本人確認を行い、税務署に調書を提出する義務を課しています。同法は外為法の改正により、国境を越える資金の移動が自由となったため、所得税・法人税・相続税その他の内国税の適正な確保を図ることを目的として制定された法律です。

　顧客は告知書に顧客の氏名、住所、個人番号、送金原因などを記載し（国外送金等調書法3条1項、国外送金等調書規則6条2項）、これを受けて金融機関は、告知書記載の氏名、住所について、顧客から提示を受けた本人確認書類上の記載と一致するか確認しなければなりません（国外送金等調書令6条1項）。かかる告知書の受理および本人確認については送金額にかかわらず行うことが必要とされています。

　また、金融機関は、100万円相当額を超える外国送金等について税務署へ国外送金等調書を提出する義務を負っています（国外送金等調書法4条1項、国外送金等調書令8条1項）。具体的には、金融機関は、国外送金等調書に顧客の氏名、住所、送金額などを記載し、その為替取引を行った日として財務省令で定める日の属する月の翌月末日までにこれをすることとされています。

　本設問においても、X国は外国送金を行うものですから、金融機関はX国より告知書を受理し、本人確認を実施した上で、100万円相当額を超える外国送金として税務署へ国外送金等調書を提出する必要があります。

2　犯収法に基づく確認義務

(1)　「取引時確認」と「疑わしい取引」に関する義務

　外為法の規制に加え、金融機関は犯収法における「特定事業者」に該当することから（同法2条2項）、犯収法に基づく義務も負うことになります。外国送金は、10万円を超える現金により行われる場合は対象取引（犯収令7条1項1号ツ）ひいては特定取引となるため、「取引時確認」として本人特定事項の確認などを行う必要があります（犯収法4条1項）。また、同様に200万円を超える通貨の両替も対象取引（犯収令7条1項1号ノ）ですので、同

第5章　在留外国人とのその他の取引における留意点　187

じく「取引時確認」の対象となります。これに加えて、金融機関は「疑わしい取引」がある場合には行政庁に届け出る必要もあります（犯収法8条）。

　したがって、本設問においても、犯収法との関係では、外国送金および200万円を超える両替について、取引時確認が必要になることから、在留カードなどの提示を受ける方法により本人特定事項（氏名、住居、生年月日）、取引を行う目的および職業を確認する必要があります（Q14参照）。また、一般的な知識・経験に基づいて犯罪に利用されている疑いの有無を判断した結果、本設問における外国送金が「疑わしい取引」であると判断した場合、これを届け出る必要があります（Q18参照）。この点、外国送金に関しては、例えば虚偽の疑いがある情報または不明瞭な情報を提供する顧客に係る取引（とくに、送金先、送金目的、送金原資等について合理的な理由があると認められない情報を提供する顧客に係る取引）や、短期間のうちに頻繁に行われる他国への送金で、送金総額が多額にわたる取引などは、「疑わしい取引」に該当する可能性があるため[1]、慎重な検討が必要です。

(2)　外国所在為替取引業者との契約締結の際の確認

　加えて、外国送金等を行うために外国所在為替取引業者（外国送金先の金融機関）との間で新たに為替取引を継続的にまたは反復して行うことを内容とする契約（以下、本設問において「コルレス契約」といいます）を締結する場合、①当該外国の金融機関が取引時確認等の義務を的確に行うために必要な営業所その他の施設および統括管理する者を置き、かつ、取引時確認等の実施について当該外国の金融機関の所在国の機関の適切な監督を受けている状態にあることならびに②当該外国の金融機関が、業として為替取引を行うものであって監督を受けている状態にない者との間でコルレス契約を締結していないことを確認する義務もあります（犯収法9条）。

(3)　外国為替取引に係る通知義務

　犯収法における外国送金（外国為替取引）特有の規制として、送金先に対

1　前掲Q18脚注2。

する送金人の情報の通知義務があります。すなわち、金融機関は、外国送金を行う場合において、他の特定事業者や外国に所在する為替取引業者に委託するときは、顧客に係る氏名、顧客識別番号、口座番号または取引参照番号などの本人特定事項を送金先に対して通知して、送金を行う必要があります（犯収法10条１項、犯収規則31条）。

　したがって、本件でも金融機関は、Ｘ国の被仕向銀行に対して、送金と併せて本人特定事項も通知する義務があります。

3　マネロンガイドラインに基づく要請

　金融機関は、上記法令に加え、マネロンガイドラインにおける「海外送金等を行う場合の留意点」[2]（20〜22頁）にも留意する必要があります。

　外国送金の業務では、国内送金の場合と比して取引相手に対して自らの監視が及びにくく、例えば、金融機関がコルレス契約を締結していたり、他の金融機関による外国送金を契約により受託等していたりするような場合、外国送金によるマネー・ローンダリングやテロ資金供与のリスクは、契約の相手方のリスク管理態勢によらざるをえない面があります。そこで、マネロンガイドラインは、金融機関に対して、送金先の金融機関におけるリスク管理態勢の監視し、また、必要に応じて自らのリスク管理態勢や低減措置等の状況を送金先に説明することなどにより、外国送金によるマネー・ローンダリングやテロ資金供与のリスクの特定・評価・低減を着実に行うことなどの対応を求めています。評価の結果、送金先の金融機関において取引時確認などを実施していないなどリスクが高いといえる場合には、金融機関は、当該外国送金を拒否することも検討すべきです。

2　前掲Q11脚注１。

コラム **5** OFAC規制

　日本における外為法上の経済制裁のように、諸外国においても経済制裁関連法令が制定されており、その代表例が米国のOFAC規制です。

　OFAC規制とは、米国の国外資産管理法（Foreign Assets Control Regulations）に基づき財務省外国資産管理局（Office of Foreign Assets Control）が実施する同国による経済制裁規制の通称であり、実施機関である米国財務省外国資産管理局の通称名がOFACであることから、そのように呼ばれています。

　国外資産管理法に基づき、米国は、国家の安全保障を脅かすものと指定された国、法人または自然人をSDN（Specially Designated Nationals）リストとして公表しており、同リストに記載された制裁対象者が米国内にて保有する資産を凍結することができ、これを実行するために、米国法人、米国人、米国居住者には資産凍結の義務などが課されています。現在、制裁対象国としては、北朝鮮、イラン、キューバなどが指定されており、制裁対象者としては米国により指定されたテロリスト、麻薬取引者、大量破壊兵器取引者、多国籍犯罪組織、核拡散防止上問題のある個人・法人が指定されています。なお、日本との関係では一部の暴力団およびその一部の構成員がSDNリストに記載されています。

　米国に拠点のない日本の金融機関は資産凍結などの義務を負う主体ではありませんが、外国送金が米ドル建てで行われる場合や、OFAC規制の義務主体である米国法人や米国人が取引に関与する場合には日本の金融機関による取引であっても規制対象となります。そのような場合、金融機関は、送金先や送金を取り扱う銀行（経由銀行や受取銀行など）が国家の安全保障を脅かすものと指定された者ではないことを確認するためにSDNリストとの照合を行うことになります。

　したがって、**Q36**や**Q37**におけるX国が米国であり米国の金融機関に送金する場合や、米国金融機関宛ての送金でなくても米ドル建てでの送金希望の場合には、SDNリストとの照合を行い、制裁対象者への送金に該当するおそれがある場合にはかかる送金を中止する必要があります。

38 外国からの送金への対応

> **Q** 在留外国人が保有する預金口座に、本国であるX国の父親から振込がありました。このような外国からの送金を受けても問題ないでしょうか

A 外国からの送金の受領に関しては、日本国内から外国送金をする場合と同様の規制があります。具体的には、外為法との関係では、適法性の確認義務、本人確認義務、記録作成義務および財務大臣への報告義務があり、国外送金等調書法との関係でも、告知書受領義務、本人確認義務および調書提出義務があります。他方、犯収法との関係では、取引時確認義務はありませんが、「疑わしい取引」に該当する場合は届出義務があり、また、外国為替取引に係る通知を行う必要もあります。

解説

外国への送金に関しては外為法、国外送金等調書法および犯収法による規制を受けますが（**Q36**、**Q37**参照）、外国から送金を受ける場合（被仕向送金の場合）にも一部同様の規制があります。

1 外為法に基づく義務

まず、非居住者との間で「支払又は支払の受領」（以下、本設問において「支払等」といいます）をしようとする居住者（顧客が特定技能外国人であれば居住者に該当する場合が多いと考えられます（**Q22**参照））は主務大臣の許可を受ける必要があるという支払規制がありますが、この規制（**Q36**参照）は、文字どおり居住者と非居住者との間の「支払」のみならず、「支払の受領」についても適用される規制ですので、外国送金を行う場合と同様に、外国か

第5章　在留外国人とのその他の取引における留意点　191

らの送金を受ける場合にも遵守することが必要です。具体的には、主務大臣の許可を受ける必要のある支払の受領に該当しないことを「制裁対象者リスト」と照合することにより確認し、これに該当する場合には主務大臣による当該許可を得ていることを許可証の提示を受けることで確認する必要があります（外為省令6条、貿易関係貿易外取引等に関する省令（平成10年通商産業省令第8号）8条）。

また、「外国から本邦へ向けた支払の受領をしたとき」は、例外に該当しない限り、送金者は、支払等の内容、実行の時期、報告者の氏名および住所または居所、支払または支払の受領の別およびその金額、支払等の実行の日を財務大臣に報告しなければなりません（外為法55条1項、外為令18条の4第3項）。被仕向送金もこれに該当することから、本設問においても、金融機関は、3000万円に相当する額以下といった例外に該当しない限り（外為令18条の4、外為報告省令1条）、「支払又は支払の受領に関する報告書」[1]を受理し、これを財務大臣へ提出する必要があります。加えて、顧客が居住者である場合、X国の父親からの送金は居住者と非居住者との間でする支払等に係る為替取引ですので、送金金額が10万円相当額超の場合には「特定為替取引」として、金融機関は、本人確認（外為法18条1項、外為令7条の2）および記録の作成・保存義務（外為法18条の3）も負うことになります。

2　国外送金等調書法に基づく義務

また、被仕向送金は、国外送金等調書法に基づく義務（Q37参照）の対象取引でもありますので、金融機関は、外国からの送金等の受領をする顧客から被仕向送金に係る告知書を受理し、顧客の本人確認を行う必要があります。すなわち、顧客は告知書に顧客の氏名、住所、個人番号、送金原因などを記載し（国外送金等調書規則6条2項）、これを受けて金融機関は、告知書記載の氏名、住所について、顧客から提示を受けた本人確認書類上の記載と

1　前掲Q36脚注5。

一致するか確認しなければなりません（国外送金等調書令6条1項）。かかる告知書の受理および本人確認については送金額にかかわらず行うことが必要とされています。

これに加えて、金融機関は、100万円相当額を超える外国からの送金等を受領する場合について税務署へ国外送金等調書を提出する義務を負っています（国外送金等調書法4条1項、国外送金等調書令8条1項）。具体的には、金融機関は、国外送金等調書に顧客の氏名、住所、送金額などを記載し、その為替取引を行った日として財務省令で定める日の属する月の翌月末日までにこれをすることとされています。

3 犯収法に基づく義務

犯収法との関係では、被仕向送金は取引時確認が必要となる特定取引に該当しませんので、金融機関は取引時確認を実施する必要はありませんが、金融機関における特定業務に係る取引には該当しますので、例えば、経済合理性のない多額の送金を他国から受ける取引など「疑わしい取引」[2]である場合には、行政庁への届出が必要となります。

また、外国から日本への送金について外国金融機関から国内で最初に支払委託を受理する金融機関またはそれ以外で送金を中継する金融機関は、外国金融機関または国内金融機関から通知を受けた事項のうち、顧客に係る氏名、顧客識別番号、口座番号または取引参照番号などの本人特定事項を通知しなければなりません（犯収法10条3項・4項、犯収規則31条）。

2　前掲Q18脚注2。

39　在留外国人との与信取引における留意点

Q 在留外国人が増えてくることにより、在留外国人との間で与信取引をする場面も増えてくるものと思われます。在留外国人との与信取引について、どのような留意点がありますか

A 　与信取引も犯収法に基づく取引時確認の対象となり、本人確認については在留外国人の場合は在留カードによって行うことが考えられます。また、在留外国人が帰国した場合に備えて本国での住所をどのように把握するか、契約の内容をどのように理解してもらうか、印鑑ではなくサインによって取引する場合の問題点、融資期間をどのように設定するか、といった留意点が挙げられます。さらに、金銭消費契約書等において、準拠法や裁判管轄を明記しておくことも必要になります。

解　説

1　在留外国人との与信取引

　入管法の改正により、在留外国人の数が増加することが見込まれますが（Q5参照）、在留外国人が日本で生活していく上で、銀行から借入れを行う場面も増えてくると思われます。

　例えば、永住者が住宅を購入する際の住宅ローンや、子供の教育資金のための教育ローンは外国人にもニーズがあると思われます。また、入管法の改正によって新たに創設される2号特定技能外国人は一定の要件を満たせば永住許可も可能とされているため、日本で長年にわたって生活していくことに伴い、前述のようなローンの需要が増えることも考えられます。

　在留外国人との与信取引を行うにあたって、どのような点に留意すべきか

194

について、以下解説します。

2 在留外国人と与信取引を行う場合の留意点

(1) 取引時確認

与信取引、すなわち金銭の貸付は犯収法上の特定取引に当たるため（犯収令7条1項1号カ）、取引時確認が必要となります（同法4条）。在留外国人の場合は、取引時確認を在留カードによって行うことにより、在留資格や在留期間を把握することができ、申告を受けた取引目的と在留資格や在留期間との整合性等にも着目し、不自然と評価すべき事情がある場合には、追加の説明を受け資料の提出を受けるといった対応を整備することも考えられます（Q15参照）。

(2) 外国での住所

与信取引の相手方が帰国してしまった場合の債権管理や回収に備えて、外国での住所を届け出てもらうことも考えられます。

ただし、外国人登録法の廃止（2012年7月）前は外国人登録原票に「国籍の属する国における住所または居所」が登録されていましたが、現行の住民基本台帳法では当該事項は記録されません（同法7条、30条の45）。

したがって、日本の公的機関が発行する資料で届出住所が正しいかを確認することができないため、例えば本国の公的機関から本国の住所に送られた郵便物等で確認することが考えられます。

なお、外国人登録法の廃止前に入国し、上記事項についても登録していた場合、登録情報は法務省で保管され、本人であれば開示を請求することができるため[1]、そのような人からは開示された情報の提示を受けることも考えられます。

(3) 契約内容の説明

与信取引を行うにあたっては、取引の相手に取引内容について十分説明す

---

1 法務省出入国在留管理庁「外国人登録原票を必要とされる方へ」（平成24年10月19日）（http://www.immi-moj.go.jp/news-list/121019_01.html）。

る必要があります。とくに在留外国人との与信取引の場合、何らかの事情により債務者と争いになった場合に、契約内容について「知らない」「聞いていない」「日本語の説明がわからなかった」などといわれないように、契約時の説明が重要になってきます。

とくに重要な期限の利益喪失の意味・事由、遅延損害金、繰上返済手数料や、外国人にはなじみが薄いと思われる反社会的勢力排除条項は十分に理解してもらう必要があります。

これらの説明は、日本語で行うのが通常ですが、仮に申込者が日本語を十分理解できず、説明も理解できていないと思われる場合は、通訳を介して説明することも必要になります。また、申込者が通訳人を連れて来た場合、正確な通訳には契約内容をきちんと理解している必要があるため、通訳人の理解度にも注意を払う必要があります（通訳人に契約内容について質問し、正確に答えられるかを試す、といったことも考えられます）。これらの対応のため、外国語に対応できる職員がいる本支店において説明等を行う、といった態勢を整備することも検討が必要と思われます。

また、日本語の契約書を用いる場合、契約内容の説明の際の日本語の理解度も踏まえ、必要な場合は通訳人に契約書の内容を訳してもらうことや、参考資料として外国語訳版を作成しておき、それを用いて説明するといった態勢を整備することも考えられます。

(4) 印鑑を用いない契約の締結

在留外国人の場合、印鑑を持っておらず、契約をサインで行う場面も考えられます。サインによる契約の場合、そのサインが契約当事者のものであるかを確認するため、サイン証明書を提出してもらいます。

ただし、サインとサイン証明書を用いた場合には、実印と印鑑証明書によって文書の成立の真正を推定する「二段の推定」が適用（ないし類推適用）されない可能性があります。サイン証明書やサインと二段の推定についての詳細は**Q47**を参照ください。

196

⑸　**融資期間**

永住者ではない在留外国人との間で与信取引を行う場合、融資期間が在留期間を超えると、在留期間が更新されない限り在留期間満了後は債務者が国内にいないことになり、債権の管理回収に時間と費用がかかるため、融資期間は原則として在留期間内に収まるように設定する必要があります。

なお、仮に融資期間内に完済されず、債権回収をしなければならない場合、相応の時間がかかります。とくに、訴訟を提起する場合には、訴訟提起から一審判決まで通常１年程度はかかります。したがって、融資期間は在留期間の満了日よりも相当程度前に満了するよう設定する、といった対応も考えられます。

⑹　**債権回収**

外国人、とくに本国に帰国してしまった外国人に対して債権を回収する際にも、様々な問題が生じる可能性があります。外国人に対する債権回収に関する詳細は**Q42**を参照ください。

⑺　**準 拠 法**

与信取引においても、適用される法律が日本法であるのか、相手方である在留外国人の本国法となるのかが問題となることがありえます。

契約等の法律行為に関する準拠法は、当事者が法律行為の当時に選択した地の法によるとされています（通則法７条）。

当事者による準拠法の選択がない場合、法律行為の当時において当該法律行為に最も密接な関係がある地の法によるとされ（通則法８条）、また、カードローン契約等、与信取引が消費者契約に当たる場合は、消費者の常居所地法が準拠法となります（同法11条２項）。

日本の金融機関と在留外国人の間の与信取引については、日本で貸付、返済されることが想定されており、日本が最も密接な関係がある地といえると解されます。また、在留外国人とのカードローン契約も、消費者である在留外国人の常居所地法は日本法であるといえます。

このように、与信取引において当事者間で準拠法を定めなかった場合も準

拠法を日本法と解することは可能ですが、準拠法の解釈に関して争いになること自体を避けるため、準拠法を日本法と定める条項を定めておくことが有用です。

(8) 国際裁判管轄

外国人の債務者に対する貸金返還請求訴訟を提起する場合も考えられますが、この場合は外国人に日本の裁判権が及ぶかという国際裁判管轄の問題が生じます。

自然人については、住所が日本にある場合、住所がわからないものの居所が日本にある場合、居所もわからないものの訴え提起前に日本に住所を有していた場合、に日本の裁判所の管轄が認められます（民訴法3条の2第1項）。

他方、日本に住所を有していた後、外国に住所を有する場合は日本の裁判所の管轄は認められません（民訴法3条の2第1項かっこ書き）。したがって、在留外国人が日本から本国に帰って本国の住所を有している場合は、原則として日本の裁判所に訴訟を提起することができないことになります。

この場合、契約に基づく債務の履行を請求する訴えについて、契約で定めた債務の履行地が日本である場合、または契約で選択された法律によれば債務の履行地が日本である場合には、日本の裁判所に提起することができます（民訴法3条の3第1号）。金銭消費貸借契約等では履行地を日本と明記していない場合もあると思いますが、準拠法を日本法とした場合、金銭債務の履行地は債権者の現在の営業所となり（商法516条1項）、「契約で選択された法律によれば債務の履行地が日本である場合」として民訴法3条の3第1号を根拠に日本の裁判所に訴訟を提起することができると考えられます。

さらに、当事者の合意によって国際裁判管轄を決めることができるため（民訴法3条の7第1項）、裁判管轄についての解釈に関して争いになること自体を避けるため、金銭消費貸借契約等において日本の裁判所を管轄裁判所と決めておくことが有用です。

なお、カードローン契約等、与信取引が消費者契約に当たる場合、消費者契約に関する合意管轄条項が有効となるためには、消費者が契約締結時に住

198

所を有していた国の裁判所に訴えることができるという条項になっている必要があります（民訴法3条の7第5項1号）。この点、在留外国人とカードローン契約等を締結する際、その在留外国人は日本国内に住所を有しているのが通常といえるため、日本の裁判所を管轄裁判所とする合意は有効といえます。

40 在留外国人との与信取引に伴う担保徴求

Q 在留外国人との与信取引の際に、債務者の不動産や定期預金に担保を設定することを考えています。担保を設定する際、どのような点に留意する必要があるでしょうか。また、設定者である外国人が日本にいない場合に担保権を実行する場合、どのような点に留意したらよいでしょうか

A 在留外国人から担保を徴求する場合[1]、担保の制度やリスクなどを、設定者の日本語能力も踏まえて説明する必要があります。不動産担保の場合は登記のために印鑑証明書またはサイン証明書が必要となります。また、準拠法について、とくに預貯金担保の場合は預金規定等で準拠法を日本法と定めておく必要があります。

実行に際して、抵当権の場合は送達の問題が、仮登記担保、譲渡担保の場合は設定者への通知や清算金の支払先の問題があります。預貯金担保の場合は、直接取立、相殺のいずれかの方法で回収が可能です。

解 説

1 担保設定

(1) 担保権に関する説明

不動産や預貯金などの財産に担保権を設定した場合、債務の履行を怠った場合には、財産を失うことになるなど、設定者に対して担保の制度やリスクを説明する必要があります。

---

1 担保の設定は債務者自身の財産に設定する場合と、債務者以外の人（物上保証人）の財産に設定する場合がありますが、外国人の財産に担保を設定する場合の留意点はいずれも変わらないため、とくに区別せず「設定者」として解説します。

設定者の日本語能力に応じて通訳人を入れること、設定者が通訳人を連れて来た場合の留意点、契約書の説明や、参考資料として外国語版を使うこと等は、与信取引の場合と同様です（**Q39**参照）。

また、担保権設定によって、当該与信取引がノンリコースローン（担保を設定した財産からしか弁済を受けられない特約があるもの）であると考える外国人もいる可能性があるため[2]、担保権の実行後、残債務がある場合は、担保以外の財産からも弁済しなければならないことも説明したほうがよいでしょう。

(2) 登記の必要書類

抵当権を設定する際の抵当権設定登記、仮登記担保を設定する際の仮登記、譲渡担保に基づく所有権移転登記には、設定者の印鑑証明書が必要になります[3]。

在留外国人の印鑑登録については、在留期間が3カ月を超える在留資格者（中長期在留者）や特別永住者は住民登録され（住民基本台帳法30条の45）、印鑑登録をすることができます（一例として、港区印鑑条例3条1項）。在留外国人が印鑑登録している場合には、その印鑑証明書を提出してもらいます。

在留外国人が印鑑登録をしていない場合は、印鑑証明書に代えてサイン証明書を提出して登記申請ができるため（昭和59年8月6日民三第3992号民事局第三課長依命通知）、サイン証明書が必要になります（**Q47**参照）。

なお、登記の必要書類ではありませんが、担保契約に署名押印またはサインする人が、設定者本人かどうかの確認のため、在留カードを提示してもらうことが考えられます。

---

2 2000年代の米国では住宅金融がノンリコースローンのように運用されていた、とされています（中川雅之「サブプライムローン問題とは何だったのか」日本不動産学会誌25巻1号7頁）。

3 法務局「抵当権設定登記申請書」（記載例）（http://houmukyoku.moj.go.jp/homu/content/001207222.pdf）。

法務省「登記の申請はどのような方法でしなければならないのですか（情報番号1304）」（http://houmukyoku.moj.go.jp/homu/content/000130965.pdf）。

第5章　在留外国人とのその他の取引における留意点　201

(3) 準 拠 法

抵当権、仮登記担保、不動産に対する譲渡担保は、いずれも不動産に物権（担保権）を設定するものであり、「不動産に関する物権」として準拠法は目的物の所在地法によります（通則法13条）。したがって、日本に所在する不動産に設定された前述の担保権には日本法が適用されます。

預貯金の担保として債権質を設定する場合、質権自体は物権ですが、債権質に適用される法は担保の対象となった債権の準拠法であるとした裁判例があります（松山地判平6.11.8（判時1549号109頁））。したがって、預金規定等において準拠法を日本法と定めておく必要があります（**資料**「モデル預金規定等」15条参照）。

2 担保権の実行

(1) 抵当権の実行

担保権の実行として担保不動産競売を申し立てた場合、裁判所は競売開始決定正本を債務者に送達する必要があります（民事執行法188条、45条2項）。

債務者が外国にいる場合で、その住所がわかっていれば外国における送達をする必要があります（民訴法108条）。他方、住所がわからない場合や外国における送達ができない場合は公示送達をすることになります（同法110条1項3号）（**Q42**参照）。

(2) 仮登記担保の実行

仮登記担保は、担保権者が設定者に対して、清算金（不動産の価額が債権額を上回った場合の超過額）の見積額、清算金がない場合はその旨を通知し、その通知後2カ月経過後に担保権者に所有権が移転する（仮登記担保契約に関する法律2条、3条）、という方法によって実行します。

設定者に通知する際、設定者の所在がわからない場合も想定されます。この場合、仮登記担保契約書等に、契約書上の設定者の住所（変更が届けられた場合はその住所）に通知をすることにより、通知が到達したとみなす、という趣旨の通知条項を定めておくことにより、届出住所に実行通知を発送し

たことをもって送達したとみなし、仮登記担保の実行を完了させることができます。

また、清算金が発生したものの、設定者の所在がわからない場合は、受領不能として供託（現行民法494条、改正民法494条１項２号）することになります。

⑶　譲渡担保の実行

譲渡担保の実行方法には、担保の目的となっている不動産を確定的に取得する「帰属清算方式」と、債権者が不動産を売却し、その売却代金をもって債権の回収を図る「処分清算方式」があります。いずれも、余剰が生じた場合には設定者に清算金として返還します。

実行方法は契約で定めることになりますが、例えば、設定者に対して実行する旨を通知し、担保権者が帰属清算・処分清算のいずれかを選択し、清算することによって完了する、といった方法が考えられます。

実行に際して、設定者である在留外国人への通知先や清算金の支払先がわからない場合の対応は、仮登記担保と同様です。

⑷　預貯金担保の実行

預貯金担保としての債権質を実行する場合には直接取立ができ（現行民法、改正民法366条）、質権の対象となった債権の債務者に対して債権債務の存在を証明すれば、裁判所への申立てをせずに担保権者に支払うよう請求することができます。

また、貸金債権と預貯金債権の相殺によって回収することも可能です（具体的な相殺の方法や相殺の準拠法に関する詳細は**Q42**を参照ください）。

設定者である在留外国人が日本を離れ、外国での所在がわからない場合、質権実行による場合は直接取立が可能であり、他方、相殺による場合は契約書上の住所等に通知を送ることにより相殺が可能であり、両者に大きな差はありません。

41 在留外国人を保証人とする場合の留意点

Q ある事業者貸付をしている会社の社長が、保証人の候補者として在留外国人（永住権はなく、また会社の役員でもない方）を連れて来ることになりました。この場合、どのような点に留意したらよいでしょうか（本設問は2020年4月以降であることを想定しています）

A 　保証人となろうとする在留外国人について、保証意思を確認した上で保証契約を締結する必要がありますが、保証制度やリスクの説明が理解できているか、契約書を理解して締結しているか、等を確認するといった留意点があります。また、永住権のない在留外国人の場合、主債務の融資期間満了前に在留期間が満了しないか検討する必要があります。

さらに、事業債務を主債務とする保証には保証意思宣明公正証書を作成する必要があり、その際にも在留外国人特有の留意点があります。

なお、参考までに中国、韓国における保証制度について説明します。

・・

解説

1　保証意思確認

(1)　説明と言語

保証契約を締結する場合、保証人に対して保証内容を説明し、保証意思を確認する必要があります。

在留外国人の保証意思確認にあたっては、日常会話としての日本語の理解が十分だったとしても、保証制度やリスクについての理解度を注意深く観察し、もし理解が不十分と思われる場合には、より詳細な説明が必要になると思われます。

仮に保証人となろうとする在留外国人が日本語を十分理解していないと思われる場合、通訳人を介して説明することも必要になります。また、在留外国人側が通訳人を連れて来た場合、正確な通訳には通訳人が保証制度やリスクについてきちんと理解している必要があるため、通訳人の理解度にも注意を払う必要があります（通訳人に保証制度やリスクについて質問し、正確に答えられるかを試す、といったことも考えられます）。

　例えば、主債務者が「日本語がわかる」といって連れて来た在留外国人がほとんどしゃべらず、質問しても主債務者が代わりに答えようとする、といったような場合は、その在留外国人の日本語の理解が十分ではない可能性が考えられるため、主債務者とは別に話をして日本語の能力や保証制度、リスクの理解度を確かめ、不十分と認められた場合は通訳を入れるといった必要があります。

　また、外国人と与信取引を行う場合と同様、外国語に対応できる職員がいる本支店での説明態勢を整備することも検討が必要と思われます（**Q39**参照）。

(2)　保証契約書

　保証契約は書面で行う必要がありますが（現行民法、改正民法446条2項）、保証人となろうとする在留外国人が保証契約書を理解した上で締結する必要があります。日本語の保証契約書を用いる場合、保証意思確認の際の日本語の理解度も踏まえ、必要な場合は通訳人に契約書の内容を通訳してもらうことや、参考資料として保証契約書の外国語訳版を作成しておきそれを用いて説明するといった態勢を整備することも考えられます。

(3)　印鑑を用いない保証契約の締結

　保証契約書締結の際、実印を押してもらい、印鑑証明書を提出してもらうのが通常ですが、在留外国人の場合、印鑑登録をしていない場合もあります。

　印鑑証明書に代わるものとして、サイン証明書を用いることがありますが、契約書のサインとサイン証明書の形状が一致する場合に、本人の意思に

基づく署名と推定されるか、という問題があります。

　この問題を含め、印鑑を用いない場合の問題点は、**Q47**を参照ください。

⑷　**必要書類**

　在留外国人との間で保証契約書を締結する場合、以下のような資料を提出してもらうことが考えられます。

・在留カード

　（契約書に署名押印またはサインする人が本人かどうかの確認に加えて、在留資格、在留期間を把握することができます。在留外国人に対する取引時確認に関する詳細は**Q15**を参照ください）

・印鑑証明書またはサイン証明書

・勤務先の源泉徴収票等収入状況を把握できるもの

2　在留期間との関係

　主債務の融資期間中に保証人が在留期間満了によって帰国してしまうと保証債務履行請求が困難になることが考えられるため、融資期間中に在留期間が満了しない人を保証人とすべきと考えます。また、弁済期限の繰延べなどで融資期間が延長される場合、保証人の在留期間が延長後の融資期間内に切れることがないか、また、在留期間の更新をする意向はあるかなどを確認し、仮に在留期間が切れ、更新の予定もないといった場合には別の保証人をつけるなどの検討が必要になると思われます。

3　在留外国人による保証意思宣明公正証書の作成

⑴　**保証意思宣明公正証書**

　民法改正により、2020年4月以降に事業債務を主債務とする保証契約を締結する場合、原則として公正証書（保証意思宣明公正証書）を作成する必要があります（改正民法465条の6第1項）。在留外国人が保証人となる場合も、同条が適用されるため、在留外国人との間で保証意思宣明公正証書を作成する必要があります。

(2) 公正証書の作成方法

在留外国人が保証意思宣明公正証書を作成する場合も、日本語で作成しなければなりません（公証人法27条）。また、保証人となろうとする人本人が保証人になることを直接口頭で公証人に告げ、公証人がこれを聴き取って作成されます（改正民法465条の6第2項）。

保証人となろうとする在留外国人が日本語を問題なく話せる場合はその人が直接公証人に告げて作成しますが、日本語が話せない場合、通訳人をつけて公正証書を作成することになります（公証人法29条）。

(3) 公証人による確認

公証人は、保証意思宣明公正証書の作成の際、保証人となろうとする人に対し、法定の情報提供を受けた上で保証人となろうとしているか、保証人になろうと思った経緯、保証債務を履行によって財産を失ったり生活に困ったりする可能性があることを理解しているか等を、直接確認することが予定されています[1]。この確認によって、公証人が保証意思を確認できないと判断した場合には、公正証書の作成を拒否されます（公証人法26条）。

したがって、在留外国人との間で保証意思宣明公正証書作成が必要となる保証契約を締結する場合、在留外国人が直接公証人による保証意思確認を受ける必要があります。また、日本語による意思確認ができない場合は通訳人をつける必要があります（公証人法29条）。

4　中国、韓国における保証制度の特徴

在留外国人の人数は1位が中国人、2位が韓国人となっていますが、それぞれの国の保証制度には日本と異なる点があるため、以下で紹介します。

(1) 中国における保証期間

中国では、連帯保証契約で保証期間が規定されている場合で、債権者が保証期間内に保証人に履行を要求しない場合は保証債務が消滅する、とされ、

1　筒井健夫＝村松秀樹編著『一問一答　民法（債権関係）改正』145頁（商事法務、2018年）

保証期間が定められていない場合は、主債務の履行期限満了後6カ月内に債権者が保証人に履行しない場合は保証債務が消滅する、とされています（中国担保法26条）。

また、根保証で保証期間の定めがない場合、保証人は随時債権者に対して保証の終了を通知でき、その場合既に発生した主債務に関するもの以外の保証責任は負わないことになります（中国担保法27条）。

中国人との間で保証契約を締結する場合、日本の保証では期間経過や保証人の通知によって自動的に保証債務が消滅するという制度はないことを説明することも、後のトラブル防止のために有用と思われます。

(2) 韓国における連帯保証の廃止

韓国では、金融界全体で連帯保証を廃止しようとする動きがあります。

具体的には、政府が主導し、2012年5月から、個人事業主と法人に対する連帯保証を原則的に廃止し、法人の代表理事、事実上の経営者、最大株主、持分30%以上の株主のうち事実上の株主1名のみ連帯保証を許容する、としました。

さらに、2013年5月、韓国金融委員会が、銀行等について、前述の例外も含めて全面的に連帯保証を廃止すると発表しました[2]。

このような韓国の金融実務から、来日した韓国人の中には、そもそも個人の連帯保証はできないのではないか、と考える方もいると思われるため、日本の金融機関としても日本と韓国の制度の違いについて理解した上で、保証契約の際に制度の違いを説明する場面が出てくると思われます。

2　日本弁護士連合会消費者問題対策委員会編『保証被害救済の実践と裁判例』263頁（民事法研究会、2013年）

42 外国人に対する債権の回収の留意点

Q 外国人の債務者が債務を完済しないまま行方がわからなくなってしまい、どうやら既に本国に帰っているようで、任意交渉が難しい状況です。そこで、その債務者の預貯金債権と相殺し、それでも回収できない部分は貸金返還請求訴訟等の提起を考えていますが、相殺や裁判について、どのような点に気をつけたらよいでしょうか

A 相殺については国によって制度や考え方が異なる場合があり、日本法に従って相殺できるよう準拠法を定めておく必要があります。

　日本の裁判所に訴訟を提起するためには、日本の裁判所を管轄裁判所とする合意をしておく必要があります。被告が外国にいる場合は、外国における送達をする必要がありますが、いくつかパターンがあります。判決を得た後の執行について、日本の判決をもって外国で執行するためには「相互の保証」が必要となり、国によっては日本の裁判所の判決では執行できない場合があります。

解説

1　相　殺

(1) 相殺の準拠法

　通則法に相殺の準拠法に関する規定はありませんが、通説的な考え方は、相殺は2つの相対する債権をともに消滅させる制度であるため、自働債権の準拠法と受働債権の準拠法を累積的に適用し、どちらの準拠法によっても相殺の要件を満たす場合に相殺ができる、としています[1]。

第5章　在留外国人とのその他の取引における留意点　209

したがって、預貯金債権と貸金債権を相殺する場合、双方の準拠法が日本法となっていれば、相殺は日本法に従って行うことができます。

金融機関としては、債務者の預貯金債権と貸金債権の相殺は重要な貸付債権の回収手段であり、相殺の準拠法に関する争いを避けるため預金規定等、金銭消費貸借契約書の両方に準拠法を日本法とするという条項を明記しておくことが重要になります（**資料**「モデル預金規定等」15条参照）。

⑵ 相殺通知

日本法では、相殺は一方当事者の通知によって効力を生じるため（現行民法、改正民法506条１項）、金融機関から債務者に対して相殺通知をすれば、相殺は完了します。

相殺通知を送付する際、債務者の所在がわからない場合も想定されます。この場合、金銭消費貸借契約書等に、契約書上の債務者の住所（変更が届けられた場合はその住所）に通知をすることにより、通知が到達したとみなすという趣旨の通知条項を定めておくことにより、届出住所に相殺通知を発送したことをもって送達したとみなし、相殺することができます。したがって、このような条項を規定しておく必要があります。

2 裁判をする際の注意点

⑴ 国際裁判管轄

日本にいない外国人に対する貸金返還請求訴訟等を日本の裁判所に提起するため、その外国人との間で日本の裁判所を管轄裁判所とする合意をしておくことが有用です（民訴法３条の２第１項、３条の７）（**Q39**参照）。

⑵ 債務者の外国での住所

訴訟を提起するためには債務者の外国での住所がわかっている必要があります。そこで、与信取引を開始する際、本国の住所を届け出てもらうことも考えられます（**Q39**参照）。

1　松岡博編『国際関係私法入門［第３版］』148頁（有斐閣、2012年）。

(3) 訴状の送達

訴状の送達は、被告が個人の場合は被告の住所居所においてするのが原則ですが（民訴法103条1項）、被告の住所居所が外国にある場合は、外国における送達が必要です（同法108条）。

外国における送達には以下のとおりいくつかのパターンがあります。

ア　領事送達（民事又は商事に関する裁判上及び裁判外の文書の外国における送達及び告知に関する条約（以下、本設問において「送達条約」といいます）8条）

その国に駐在する日本の外交官または領事官によって送達する方法です。

アメリカ、イギリスとの間では領事送達に関する条約が締結されているため、同国における送達に用いられます。その他、インド、オーストラリア、フィリピンなどでも領事送達が行われています[2]。

イ　中央当局送達（送達条約3条1項）

その国が指定した当局（中央当局）によって送達する方法です。

送達条約に基づく送達方法であり、中国、韓国、ドイツ、フランス、ロシア、カナダなどはこの送達が用いられます[3]。

ウ　指定当局送達

その国が指定した当局によって送達する方法です。

中央当局送達とは異なり、日本の在外領事等を通じて指定当局に送達を依頼してもらいます。「民事訴訟手続に関する条約」の締結国における送達で用いられますが、送達条約を批准している国は送達条約による送達方法が用いられます。

エ　管轄裁判所送達

その国の管轄裁判所に依頼して送達する方法です。

例えば、ブラジルとの間で二国間共助取決めが締結されており、ブラジル

2　秋山幹男ほか『コンメンタール民事訴訟法Ⅱ［第2版］』410頁（日本評論社、2006年）。

3　前掲脚注2・秋山ほか・409頁。

における送達で用いられます[4]。

(4) 公示送達

債務者の住所がわからない場合、所在不明を理由とする公示送達（民訴法110条1項1号）を検討します。公示送達をするためには、本人が届け出た住所において所在調査を行い、その住所にいないことを確認する必要があります。また、弁護士であれば弁護士会を通じた照会制度によって外国人の出入国記録を確認することができ、これにより既に日本にいないことが判明することもあります。

債務者が台湾人の場合、台湾には送達ができないので、外国における送達ができないことを理由として公示送達が可能です（民訴法110条1項3号）。

債務者の外国での住所がわかっていた場合で、外国における送達を実施し、外国で送達を嘱託してから6カ月が経過しても送達証明書類が戻ってこない場合も公示送達が可能です（民訴法110条1項4号）。

3 執 行

日本の裁判で勝訴判決が得られた場合、執行が問題となります。とくに、海外資産に対して執行する場合は、日本の判決が当該外国において効力を有すると認められる必要があります。

(1) 相互の保証

日本の判決をもって外国で執行するためには、日本の判決を承認してもらう必要があります。この承認を促すため、日本において外国判決を承認・執行するためには、外国において日本の判決が承認・執行される必要があるとしています（相互の保証。民訴法118条4号）。

相互の保証があるかは、判決国に当該判決の効力要件が、承認国たる日本の民訴法118条各号所定の条件と重要な点で異ならないか否かによって決せられます（最三小判昭58.6.7（民集37巻5号611頁・金法1053号40頁））。これ

---

4 前掲脚注2・秋山ほか・410頁。

により、ある外国の判決が日本で承認・執行されることが裁判所で認められた場合、その国では日本の判決も承認・執行されると考えられます。

(2) **相互の保証が認められている例**

例えば、米国のカリフォルニア州（東京地判平3.2.18（民集51巻6号2539頁））、ニューヨーク州（東京地判平6.1.14（判時1509号96頁））、ドイツ（名古屋地判昭62.2.6（金法1153号81頁））などでは、相互の保証があると認められており[5]、それらの地域国では日本の判決が効力を有すると認められ、資産を差し押さえられることになります。

(3) **相互の保証が認められていない例**

中国では、日本との間に相互の保証がないと判断した人民法院の判決が存在することから、相互の保証がないとした裁判例があります（大阪高判平15.4.9（判時1841号111頁））。したがって、中国人の債務者に対して日本で確定判決を得ても、中国内の資産を差し押さえられないことになります。

5　前掲脚注1・松岡編・314頁。

43 在留外国人の債務者が死亡した場合の対応

Q 与信取引をしていた在留外国人が亡くなってしまったという情報があり、返済も止まっています。死亡によって相続が発生すると思われますが、在留外国人の債務者の相続人に請求できるのでしょうか

A まず相続に関する準拠法を確認し、どの国の法律に従って相続が処理されるかを確認する必要があります。相続制度の違いにより、債務が相続人に直接承継される場合もあれば、直接承継されない場合もあります。相続人に請求する場合は、適用される国の法律に基づく相続人の範囲、承継される割合を確認し、さらに実際に相続人がいるかなどを知る必要がありますが、容易ではありません。訴訟をする場合は送達の問題が、相殺の場合は相殺通知の到達が問題となります。

相続人に対する請求は容易ではないため、できるだけ保証人をつけてもらうということが考えられます。

解説

1 準拠法

在留外国人の債務者が亡くなったことが判明した場合、まず、相続に関する準拠法を確認する必要があります。通則法は、相続について被相続人の本国法によるとしているため（同法36条）、被相続人が属する国籍の法律が準拠法になります（Q35参照）。

2 資産、負債の承継方法

相続における資産と負債の承継方法については、包括承継主義（被相続人

が有していた資産、負債の一切が相続人に承継されます）と管理清算主義（被相続人の遺産は直接相続人に承継されず、被相続人の資産によって負債が清算された後、なお残余財産がある場合に相続人に承継されます）があります（**Q35**参照）。

　日本は包括承継主義を採用しており、相続人が被相続人の債務を承継します。包括承継主義を採用する国では、日本と同様、被相続人に対する債権を、相続人に対して請求することができます。

　他方、管理清算主義を採用している国（主に英米法系の国）で、遺産管理手続が行われる場合は、被相続人に対する債権は遺産の管理者である「人格代表者」に対して請求し、人格代表者は被相続人が保有していた資産の限度で弁済します[1]。

　なお、中国法や、ベトナム法では、管理清算主義は採らないものの、相続人は相続財産の範囲で責任を負うという有限責任制度があり（中国承継法33条、ベトナム民法615条[2]）、資産全体よりも債務総額のほうが大きければ、全額の回収ができないことになります。

3　回収の問題

(1)　相続人の範囲

　被相続人に対して有していた債権を誰にどのような割合で請求できるかは、各国の相続に関する法律の定めるところによります。

　これらの調査は適用される外国法の知識が要求され、調査するだけでも相応な負担になると思われるため、専門家の援助を受けるなどの必要があります。

(2)　相続人の所在の把握

　債権を請求できる相続人の範囲や割合がわかっても、実際に相続人となる

1　前掲Q35脚注1・櫻田＝道垣内編・187頁。
2　ベトナム民法典（JICAホームページ）（https://www.jica.go.jp/project/vietnam/021/legal/ku57pq00001j1wzj-att/legal_60.pdf）。

人がいるか、またその人の住所はどこかを知るのは容易ではありません。とくに、日本のように戸籍制度が整備されていない国では、債権者の側から相続人を正確に確認することは難しいのが現実です（Q35参照）。

また、仮に相続人の範囲と住所がわかったとしても、外国にいる外国人との任意交渉には費用と時間がかかることが想定されます。さらに、裁判をする場合には送達や執行の問題が生じます（Q42参照）。

(3) 被相続人の財産の担保権実行、被相続人の預貯金債権との相殺

被相続人所有不動産に抵当権を設定していれば抵当権の実行も考えられます（Q40参照）。しかし、抵当権実行の前提として担保権者が相続人に代位して（現行民法、改正民法423条）相続人への相続登記をする必要がありますが、相続人が確定できなければ、相続登記ができずに抵当権が実行できません。

また、抵当権以外の不動産担保として仮登記担保、譲渡担保を設定していた場合、それらの実行のためには通知が必要となりますが（Q40参照）、被相続人が死亡している以上、通知は相続人に対して行うことになり、相続人の住所を把握する必要があります。なお、担保権設定契約書等に、設定者が届け出た住所宛てに通知することで、設定者への意思表示等が到達したとみなされる、という約定がある場合でも、本人が死亡している場合は、届出住所への通知によっては到達が認められない可能性もあります。

さらに、預貯金債権と貸付債権を相殺することも考えられますが、相殺をするためには相殺の意思表示をする必要があります（現行民法、改正民法506条）。この場合、意思表示の相手となる相続人の住所を把握する必要があることや、送達をみなす旨の条項による送達が認められない可能性があることは、仮登記担保、譲渡担保の実行の場合と同様です。

(4) 在留外国人の債務者の相続に備えて

このように、在留外国人の債務者に相続が発生した場合は様々な問題が生じ、とくに相続人に対する回収が難しいことを考えると、在留外国人の債務者については可能な限り連帯保証人をつけてもらい、債務者が死亡したとき

には保証人に請求するという対応も検討に値すると思われます。

　なお、保証人が在留外国人の場合には、保証人が死亡した際に、外国人の相続の問題が生じうるため、保証人は日本人であるほうがより安全であるといえます。

44 在留外国人との金融商品取引に関する留意点

Q これまで在留外国人との金融商品取引は行ってこなかったのですが、在留外国人の増加に伴い、金融商品取引の対象を広げようと考えています。在留外国人との間の金融商品取引について、留意点等を教えてください

A 在留外国人との金融商品取引にも金融商品取引法（以下、本設問において「金商法」といいます）が適用され、金融商品取引業に関する各種規制がかかります。在留外国人を含む個人投資家は一定の要件を満たせばプロ投資家として扱うことができますが、今般の入管法改正によって、プロ投資家として扱う外国人が増えることになるわけではないと解されます。

取引の開始にあたっては、在留外国人からもマイナンバーを届け出てもらう必要があり、また、米国人の場合にはFATCA対応も必要になります。

解説

1 金融商品取引業に関する規制

(1) 金商法の適用

在留外国人との間で金融商品取引を行う場合、外国人も「投資者」として金商法による保護（同法1条）の対象に含まれるため、同法が適用され、同法35条以下の金融商品取引業に関する規制が適用されます。

(2) 規制の内容

金融商品取引業に関する規制には、広告規制（金商法37条）、契約締結前書面、契約締結時書面の交付（同法37条の3、37条の4）、クーリングオフ（同法36条の6）、金融商品取引に関する禁止行為（同法38条）、損失補填の禁止

218

（同法39条）、適合性の原則（同法40条）などがあり、これらがすべて外国人との取引にも適用されます。

このうち、契約締結前書面、契約締結時書面について、日本語の理解が十分な在留外国人を取引の対象とするのであれば、日本語の書面を用いることになりますが、内容についてきちんと理解しているかを確認する必要があります。また、参考資料として外国語訳版を同時に交付し、併せて確認してもらうことで、「書面を読んだがわからなかった」と主張されるリスクを低減することができると解されます。なお、在留外国人に対する説明態勢に関する詳細はQ39を参照ください。

また、適合性の原則により、金融機関は顧客の知識、経験、財産の状況、投資目的やリスク管理判断能力等に応じた取引内容や取引条件に留意し、顧客属性等に則した適正な投資勧誘をすることが求められています。この適合性原則に従った投資勧誘を行うため、顧客属性等および顧客の取引実態を把握することが重要とされています。

具体的には、①顧客の投資意向や投資経験等を記載した顧客カードを作成し、顧客属性を把握すること、②顧客口座ごとの売買損、評価損、取引回数、手数料の状況等といった取引状況から顧客の取引実態を把握すること、が挙げられます（金融商品取引業者等向けの総合的な監督指針Ⅲ－2－3－2）。

在留外国人と金融商品取引をする場合も、適合性原則に従った投資勧誘のため、顧客カードを作成して顧客属性を把握し、顧客口座ごとの取引状況から取引実態を把握する必要があります。

とくに、在留外国人の場合、顧客カードに外国の金融商品に対する投資経験が記載されることが考えられます。顧客カードの記載からは商品内容や日本の金融商品との類似性等がわからない場合は、ヒアリングを行って詳細を確認した上で当該在留外国人の投資経験を把握することが考えられます。

2　特定投資家制度、特定投資家移行制度

金商法では、投資に関する知識・経験を有する「特定投資家」との取引に

は一定の規制（適合性の原則、契約前書面の交付等）の適用が除外されています（同法45条）。また、特定投資家以外の投資家（一般投資家）であっても、一定の要件を満たせば特定投資家に移行できます（特定投資家移行制度）。

個人との金融商品取引で特定投資家制度や特定投資家移行制度が適用されるためには、1億円、3億円といった多額の有価証券資産を保有する等の基準を満たす必要がありますが、金商法上、外国人の場合は基準が異なるといった特則は定められていません。

したがって、在留外国人との取引によって特定投資家制度、特定投資家移行制度の適用場面が大幅に増えるということは想定されないと思われます。

3　取引時確認

金融機関が行う金融商品取引も特定取引にあたり、取引時確認が必要となります（犯収法4条）。在留外国人の場合は、取引時確認を在留カードによって行うことにより、在留資格や在留期間を把握することができ、申告を受けた取引目的と在留資格や在留期間との整合性等にも着目し、不自然と評価すべき事情がある場合には、追加の説明を受け資料の提出を受けるといった対応を整備することも考えられます（Q15参照）。

4　マイナンバーの届出

金融商品取引の開始にあたり、マイナンバーを届け出てもらう必要があります[1]。在留外国人も住民票が作成される際にマイナンバーが付番されるため、マイナンバーを確認できる資料の提出を求める必要があります（Q46参照）。

1　全国銀行協会「マイナンバーの届出にご協力ください」（https://www.zenginkyo.or.jp/article/tag-f/8188/）。

5 FATCA対応

(1) 金融商品取引の場合のFATCA対応

金融機関との金融商品取引にあたり、国債を購入するための公共債口座の開設や、投資信託取引を行うためには投資信託口座を開設する際にも、FATCA対応が必要となります。したがって金融機関は、顧客が米国人等に該当するかを確認し、該当する場合は取引の相手方の同意のもと、口座情報を毎年米国の税務当局である米国内国歳入庁へ報告する義務があります（Q24参照）。

(2) 具体的な確認方法

顧客が個人の場合の具体的な確認方法は以下のとおりです。

・金融機関所定の書式等により、所定の米国納税者であるかを顧客自身に申告してもらう。

・顧客が所定の米国納税義務者であるかを確認するため、運転免許証、パスポート等の公的証明書など、各種証明書を提示または提出してもらう。

前述の確認の結果、顧客が所定の米国納税義務者である場合、「米国納税者番号および宣誓書の依頼書（W−9）」、「米国納税義務がないことの宣誓書（W−8BEN等）」等所定の書類を提出してもらい、また、米国内国歳入庁への報告について同意してもらいます。

FATCAでは、米国内国歳入庁への報告に同意することが新規開設の条件とされているため、米国内国歳入庁への報告に同意しない場合、新規口座は開設できないことになります。

第5章　在留外国人とのその他の取引における留意点　221

45 金融機関において在留外国人に保険商品を販売する際の留意点

Q
当行では、顧客の幅広いニーズに応えるため、生命保険・損害保険を取り扱っています。具体的には、終身保険、医療保険、がん保険、介護保険、年金保険・養老保険、定期保険・収入保障保険、学資保険等です。これらの保険商品を在留外国人に販売する際に留意すべき点を教えてください

A
金融機関の窓口で保険を販売する場合、保険を引き受ける保険会社の方針に従い、当該保険会社が求める要件（必要書類や日本語能力等）をすべて満たすことを確認しなければなりません。また、日本の生命保険会社は、FATCAに基づき、顧客が所定の米国納税義務者であるかを確認し、該当する場合には、米国内国歳入庁宛てに契約情報等の報告を行っています。

解 説

1 総合的対応策との関係

総合的対応策[1]では、「外国人に医療費の支払能力がないため医療機関が負担している場合もあることから、外国人が就労する事業所における民間保険…への加入も促進する必要がある」（同6頁）、「新たな在留資格による外国人材の受入れに当たっては、法務省が作成するガイドライン等を周知することにより、特定技能1号外国人を雇用する事業所に対し、医療通訳雇入費用等をカバーする民間保険への加入を推奨する」（同7頁）とし、在留外国

---

1 前掲Q9脚注2。

222

人が就労する事業所に対し、新たな在留資格による外国人材の医療費等を支払うため、民間保険の活用を推奨しています[2]。

　しかし、総合的対応策は、在留外国人自らが契約者として民間保険に加入することについては、言及していません。

2　在留外国人が保険に加入する要件の例

(1)　基本的な要件の例

　2019年4月現在、在留外国人にも、一定の要件を満たせば生命保険・損害保険に加入することを認める保険会社は多いですが、基本的には下記の3つをすべて満たす必要があります。

① 　日本に居住しており、在留カード・特別永住者証明書を所持していること（短期滞在の在留資格または留学の在留資格で国内に滞在している場合は、加入できない）。

② 　日本語の読み書きができ、契約関係書類（重要事項説明、告知書、約款等）の理解ができること。

③ 　日本の預貯金口座を持っていること（保険料の支払口座に使用）。

　保険会社によっては、その他の要件や提出書類が必要なこともあり、例えば、以下の書類を提出するよう求められることがあります。

・住民票

・婚姻証明書（婚姻届出受理証明書）（契約者および被保険者が夫、保険金等の受取人が妻のように、契約者・被保険者・保険金等の受取人の関係が夫婦である場合）

2　2019年3月現在、公益財団法人国際研修協力機構を保険契約者、特定技能所属機関（受入企業等）または登録支援機関等を保険加入者、1号特定技能外国人（特定活動（就労可）を含む）を被保険者とする「特定技能外国人総合保険」（海外旅行傷害保険包括契約に外国人研修生特約、技能実習特約、治療費用の支払責任の一部変更に関する特約等を付帯した保険）が販売されています（「特定技能外国人総合保険のご案内」（2019年3月）http://www.k-kenshu.co.jp/pdf/t2019.pdf）。

第5章　在留外国人とのその他の取引における留意点　223

⑵　**厳格な要件の例**

　さらに、保険会社によっては、在留外国人が契約者・被保険者・保険金受取人・指定代理請求人のいずれかとなる場合には、以下のような厳格な要件を求める会社もあります。

① 契約者が外国籍法人でないこと。

② 契約者・被保険者・保険金受取人・指定代理請求人が以下の条件をすべて満たすこと。

・日本国内に居住していること。

・日本国内に永住する意思が確実であること（短期滞在の在留資格・留学の在留資格で滞在している場合は取り扱わない）。

・契約書類の内容を十分に理解し、自分で記入できる日本語能力を有すること（家族の介在がなければ契約内容、告知義務等を理解できない場合は取り扱わない）。

③ 保険金受取人に具体的な個人名または法人名を指定すること。

3　金融機関の窓口で保険を販売する場合も同様

　金融機関の窓口で保険を販売する場合、保険を引き受ける保険会社の方針に従い、上記2に記載したような要件をすべて満たすことを確認しなければなりません。

4　FATCA対応

⑴　FATCAとは

　2014年7月から、米国のFATCAによる確認手続が開始されています。FATCAは、米国納税義務者による米国外の金融口座等を利用した租税回避を防ぐ目的で、米国外の金融機関に対し、顧客が米国納税義務者であるかを確認すること等を求める法律です。FATCAの詳細に関して**Q24**を参照ください。

(2) 日本の生命保険会社におけるFATCA対応

日本の生命保険会社では、FATCAおよびFATCA実施に関する日米関係官庁間の声明[3]に基づき、顧客が生命保険契約の取引等をする際、顧客が所定の米国納税義務者であるかを確認し、該当する場合には、米国内国歳入庁宛てに契約情報等の報告を行っています。

生命保険会社は、顧客が所定の米国納税義務者（米国市民、米国居住者、米国人所有の外国事業体[4]等。以下同じ）であるかを確認するため、保険契約の取引時において、顧客に以下の手続を要請しています。

・生命保険会社所定の書面等により、所定の米国納税義務者であるかを顧客自身が申告する。

・顧客が所定の米国納税義務者であるかを確認するため、運転免許証、パスポート、在留カード、登記簿謄本等の公的証明書等の各種証明書類の提示または提出を受け、その情報を精査する。

なお、顧客が所定の米国納税義務者である場合、上記に加えて、「米国納税者番号（TIN）を含む米国財務省様式W−9」、「米国内国歳入庁への報告に関する同意書」等の所定の書類を提出してもらいます。

(3) FATCAの確認手続が必要となる場合

主に以下の場合にFATCAの確認手続が必要となります。

・生命保険契約の締結、契約者の変更、満期保険金の支払等の取引発生時。

・その他、米国への移住など、契約者の状況が変化した場合。

顧客が確認手続に応じない場合および米国内国歳入庁への報告に同意しない場合、生命保険会社としては、契約自由の原則に基づき生命保険契約の締結を行わないことを検討すべきです。また、契約締結後において、顧客が確認手続に応じないなどの場合には、米国内国歳入庁の要請に基づき、該当の契約情報等を日米当局間で交換することとされています。

3　Q24脚注4。
4　「外国事業体」とは米国外の事業体、例えば日本の内国法人をいいます。

第5章　在留外国人とのその他の取引における留意点　225

46 在留外国人との間の取引において マイナンバーの確認が必要な場合

Q 預貯金口座取引、投資信託取引、少額非課税制度（マル優）の利用、財形貯蓄（年金・住宅）、外国への送金・外国からの送金などの取引では、金融機関から税務署に提出する法定調書に顧客のマイナンバー（個人番号／法人番号）を記載する必要があります。在留外国人の顧客でも同じでしょうか

A 　設問に記載された各取引において、金融機関は税務署に提出する法定調書に顧客のマイナンバー（個人番号／法人番号）を記載しなければなりません。また、2018年1月1日から「預貯金口座付番制度」が開始されており、金融機関は、新たに口座を開設する顧客には口座開設の手続時に、また既に口座を保有している顧客には住所・名義変更の手続時に、マイナンバー（個人番号／法人番号）の届出への協力を求めています。いずれも、顧客が在留外国人である場合でも同じです。

・・・

解説

1　外国人へのマイナンバー付番

　マイナンバー（個人番号／法人番号）は、日本国内での社会保障や税、災害対策の3分野で利用されるもので、外国人も、来日後、初めて住民票が作成される際に、12桁のマイナンバー（個人番号）が付番されます。マイナンバー（個人番号）は、個々人、皆異なる番号で、原則として一生同じ番号を使うことになります。いったん日本を離れ、再来日して住民票を改めて作成する場合にも同じ番号を使います[1]。

226

2 銀行取引とマイナンバー

(1) 法定調書への顧客のマイナンバー記載

2016年1月1日からマイナンバー制度が開始されたことに伴い、金融機関には、金融機関から税務署に提出する法定調書に顧客のマイナンバー（個人番号／法人番号）を記載することが法令で義務付けられています（国税通則法74条の13の2、地方税法20条の11の2、マイナンバー法2条5項等）。

(2) 顧客のマイナンバーを確認すべき取引

金融機関は、顧客と例えば以下の取引を行う場合、顧客のマイナンバー（個人番号／法人番号）を確認します。

① 投資信託・債券（公共債）
・（預貯金取引がないときには）預貯金口座の開設
・特定口座、NISA口座の申込み
・NISA口座の解約
・住所・名前の変更

② 外国送金
・外国への送金、外国への仕向送金小切手
・外国からの送金、外国からの被仕向送金小切手
・クリーンビル（主に外国為替手形のうち、船積書類の添付されていないもの）の買取り、取立

③ マル優・マル特
・新規の申込み
・非課税限度額・住所・名前・取引店等の変更

④ 財形預金（住宅・年金）
・新規の申込み
・住所・名前・取引店等の変更

---

1 総務省「外国人住民の方へ マイナンバー制度について」（http://www.soumu.go.jp/main_content/000510924.pdf）。

第5章 在留外国人とのその他の取引における留意点　227

⑤　金融商品仲介

　・証券口座の開設

　・特定口座、NISA口座の申込み

　・NISA口座の解約

　・住所・名前の変更

⑥　預貯金口座の開設

3　マイナンバーを確認する必要がある取引を行う際の確認書類

　金融機関は、マイナンバーを確認する必要がある取引を顧客と行う際、以下の書類を確認します（個人顧客の場合）。

①　マイナンバー（個人番号）を確認できる資料（いずれか1点）

　・個人番号カード（個人番号カードの提示を受けた場合、②は不要）

　・通知カード

　・個人番号が記載された住民票の写し（住民票記載事項証明書）

②　本人確認書類（顔写真付きと顔写真なしで異なる。いずれも有効期限内のものに限る）

　（i）　顔写真付き（いずれか1点）

　　・運転免許証

　　・パスポート

　　・身体障害者手帳

　　・在留カード（特別永住者証明書）等

　（ii）　顔写真なし（いずれか2点）

　　・健康保険被保険者証

　　・印鑑証明書

　　・児童扶養手当証書

　　・母子手帳

　　・国民年金手帳　等

4　預貯金口座付番制度
（マイナンバー法　別表第1　（9条関係）55の2、56の2参照）

　2018年1月1日からマイナンバー（個人番号／法人番号）を預貯金口座に紐付ける「預貯金口座付番制度」が開始されています。具体的には、金融機関は、以下の手続時等に預貯金口座付番制度を顧客に案内し、マイナンバー（個人番号／法人番号）の届出への協力を求めています。

・新たに預貯金口座を開設する顧客には、口座開設の手続時。

・既に預貯金口座を保有している顧客には、住所・名義変更の手続時。

　なお、金融機関には預貯金者等情報をマイナンバー（個人番号／法人番号）によって検索できる状態で管理する義務が課せられていますが、預貯金口座付番制度における顧客から金融機関へのマイナンバー（個人番号／法人番号）の届出は当面は任意となっています。したがって、現時点では、書類準備の都合等でその場でマイナンバー（個人番号／法人番号）を届け出ない場合でも預貯金取引への影響はありません。

47　印鑑を用いない取引の留意点

Q 在留外国人による預貯金口座開設や与信取引においては、印鑑ではなくサインが使われることが考えられます。サインによる取引の場合、どのような点に留意すればよいでしょうか

A 　預貯金取引の場合、窓口で預貯金払戻請求を受けた際に、届け出られたサインと請求書のサインが一致するかを確認することによって、預貯金の払戻しが免責されるかが問題となります。また、与信取引の場合は、実印を用いた場合に法律上認められる「二段の推定」が適用されない可能性があるという問題があります。

　在留外国人との取引が増えればサインを用いる機会も増えることが予想されるため、これらの留意点を踏まえて、過誤払いやなりすましによる融資が発生しないよう留意する必要があります。

解説

1　預貯金取引

(1)　印鑑を用いた取引の場合

　預貯金取引では、金融機関が払戻しについて免責されるか否かに関して、印鑑が重要な意義を持ちます。

　法律上は、債権の準占有者（改正民法では「受領権者としての外観を有する者」）に対する弁済として、債務者が善意無過失であれば弁済は有効とされます（現行民法、改正民法478条）。

　また、通常、金融機関の預金規定では、金融機関が払戻請求書等の書類に使われた印影と届出印を相当の注意をもって照合し、相違ないものと認めて

230

扱った場合には、払戻請求書が偽造（本来の預貯金者以外の人が請求書を書いた場合等）・変造（預貯金者以外が払戻金額等を書き換えた場合等）された場合も、金融機関は責任を負わないとしています（免責規定。**資料**「モデル預金規定等」9条参照）。

この点に関する判例では、金融機関の「照合事務担当者に対して社会通念上一般に期待されている業務上相当の注意をもつて慎重に」行うことを必要としており（最一小判昭46.6.10（民集25巻4号492頁・金法618号50頁））、このような注意をもって印鑑照合を行うことで、金融機関の免責が認められることになります。

(2)　**サインによる取引の場合**

サインでの預貯金取引の場合、払戻請求書にも預貯金者のサインを記載してもらい、届出を受けたサインと照合して払戻しに応じるか否かを判断することになります。

金融機関の預金規定でも印鑑照合の一類型として、相当の注意をもってサインを照合して相違ないものと認めて扱った場合の免責規定を定めているのが一般的です（**資料**「モデル預金規定等」9条参照）。

この点、小切手の署名に関する裁判例ですが、金融機関の職員が署名を比較対照し、その他の事情も考慮した上で、小切手金の支払をした事案で、事後的な筆跡鑑定の結果差異が認められたとしても、「社会通念上要求される相当な注意を尽した」として金融機関の免責を認めたものがあります（東京高判昭44.11.28（金法569号25頁））。

サインは書く度に形が変わるので、一致するかを正確に判断するのが難しく、金融機関に求められる「相当な注意」の判断も印鑑に比べて難しくなります。そこで、金融機関によっては、事前に登録したサインに関する電子データ「時系列の筆運び（距離、方向、筆圧など）」と、取引の際のサインに関する電子データを照合することで本人確認を行っている例もあります[1]。

1　三井住友銀行「個人のお客さま向け取引における「サイン認証」の導入について」（平成28年4月12日）（https://www.smbc.co.jp/news/j601189_01.html）。

第5章　在留外国人とのその他の取引における留意点　231

今後、在留外国人との取引の増加に伴い、印鑑を用いない預貯金取引が増えてくることも見込まれるところ、印鑑ではなくサインが届け出られている場合にも、払戻しに際してのサイン照合を確実に行い、誤って預貯金者以外の人からの払戻請求に応じないための方策が必要になると思われます。

2　与信取引

与信取引では、金銭消費貸借契約を締結する際、契約の名義人本人との間で契約が締結されたかを確認することが重要になります。

(1)　印鑑（印鑑証明書）を用いた取引の場合

与信取引において印鑑を用いる場合、認印ではなく、通常印鑑登録を受けた「実印」で捺印をしてもらい、併せて印鑑証明書の提出を受け、契約書に押された印影と印鑑証明書の印影が一致するかを確認します。

これは、契約書の印影が印鑑証明書の印影と一致すれば、その印影は本人の意思に基づいて成立したと推定され、さらに、その印影のある契約書等の私文書は本人の押印があるものとして、真正に成立したものと推定される（民訴法228条4項）からです。これを「二段の推定」といいます。

契約書の印影と印鑑証明書の印影が一致

↓　一段目の推定

本人の意思に基づいて印影成立（本人の押印がある）

↓　二段目の推定（民訴法228条4項）

契約書（私文書）は真正に成立

債務者が「自分は契約書に押印していない。別の誰かが勝手に契約した」と主張するなど、契約書の成立の真正が争われた場合、契約書に押された印影と契約者の印鑑証明書の印影が一致していれば、二段の推定によって契約書は真正に成立したものと推定されます。

その結果、本来債権者が「契約書が真正に成立した」と主張立証しなけれ

ばならないところが、債務者において真正に成立したことに対する反証（印鑑が盗まれていたなど）を行う必要があります（立証責任の転換）。

このように、金銭消費貸借契約の締結に実印を用いることは、非常に重要な意義を持っています。

⑵　サインによる取引の場合

サインによって与信取引を行った場合、印鑑証明に類似するものとして「サイン証明書」があります。サイン証明書は、在日公館や本国の公証役場等で、本人のサインであることを証明した文書です[2]。

ただし、サインの場合は印鑑と異なり形状が定まっているわけではないので、契約書にされたサインと、サイン証明書に記載されたサインが一致しているかを正確に判断するのが難しい場面も考えられます。

また、サイン証明書がある場合に、印鑑と印鑑証明書の印影が一致する場合と同様に、本人の意思に基づく署名と推定されるかについては、判例等もなく、法的な整理が追い付いていないといえます。

このようにサイン証明書があっても、印鑑証明書のような立証責任の転換がなされない可能性があることから、契約者本人がサインしたかをより慎重に確認する必要があると思われます。まずは、金融機関の担当者がサインに立ち会い、在留カードなどで契約者本人であることを確認した上、面前でサインしてもらい、サイン証明書と照合するといった手順をきちんと踏むことが重要です。

2　JETRO「サイン証明：米国」（https://www.jetro.go.jp/world/qa/04A-000949.html）。

| 48 | 在留外国人からの苦情対応 |

Q 在留外国人との取引が増えることで、在留外国人から苦情が来ることも予想されます。在留外国人からの苦情について、どのように対応したらよいでしょうか

A 複数人での対応、別室での対応、録音・録画の検討など、一般的な苦情対応における留意点に加え、言語等の違い、文化の違いによるすれ違いを理解し、誠実に対応することが重要と思われます。また、日本の法制度の概略等を説明し、理解を求めることも有用と思われます。

解 説

1 一般的な注意事項

在留外国人による苦情への対応であっても、複数人での対応、別室での対応、必要な場合に録音・録画を行うこと、冷静に対応すること、専門家や警察との連携といった一般的な苦情対応の注意点は変わりません。

その他、在留外国人との苦情対応の注意点として、以下のようなことが考えられます。

(1) 言語等の違い

在留外国人からの苦情に対応する場合、言語についても問題になります。苦情を申し立てた在留外国人が、契約の際には日本語で対応できていたとしても、苦情対応の際には行き違いが生じ、それがさらなる苦情の原因となる可能性があるので、なるべく外国語に通じた職員を入れて必要があれば外国語でやりとりをするなどの対応を検討すべきです。

また、相手が通訳人を連れて来た場合も、通訳が正確かを確認するために、こちらも外国語に通じた職員等を入れることを検討すべきです。なお、

234

苦情対応は頻繁にあるわけではないため、そのような職員を各支店に常駐させる必要まではありません。例えば、苦情対応を統括する部署に外国語に通じた職員を数名置いておき、苦情があった場合に対応するということも考えられます。

(2) 差別と受け取られないように注意

在留外国人からの苦情に対応する場合、対応した職員の言動などから「外国人に対する差別だ」といわれないよう注意が必要です。例えば、「日本人ならそういうことはいいません」「外国人だからわからないと思いますが」など、不必要に国籍の違いを強調するような言い回しは避けるべきです。

(3) 誠実な対応

在留外国人は慣れない異国で生活する中で、困ったことが生じた場合にどうしてよいかわからなかったり、自分の要求をうまく伝えられなかったり、必要以上に疎外感を感じたりして、それが苦情に発展していることも考えられます。

対応する側においても、このような事情がありうることを念頭に、誠実に対応することが必要になると思われます。

2　日本の法制度の説明

在留外国人から、日本の法制度に従った金融機関の措置等に対して苦情が申し立てられる場合も想定されます。その場合には、日本の法制度の概要等を説明して理解を求めることも必要になってきます。

(1) 取引時確認等の不備で預貯金口座開設を断ったことに対する苦情の場合

取引時確認事項の確認に不備があり、預貯金口座開設に応じられなかった場合に、なぜ口座が作れないのかという苦情が来ることが考えられます。

この場合、日本の法律上、マネー・ローンダリング等の防止のため、預貯金口座の開設には本人の氏名、住居、生年月日、取引を行う目的、職業を確認しなければならず（犯収法4条等）、この確認ができなければ預貯金口座開

第5章　在留外国人とのその他の取引における留意点　235

設はできないことを説明します。

なお、マネー・ローンダリング等の防止のために、取引開始時に一定の事項を確認しなければならないことは、日本だけではなく、国際社会において求められている事柄であり、その点も踏まえ、決して日本だけが特別に制限しているものではない、という説明も有用と思われます（**Q11**参照）。

(2)　口座の凍結に対する苦情の場合

犯罪利用預金口座等に係る資金による被害回復分配金の支払等に関する法律に基づいて預貯金口座を凍結した場合（同法3条）、当該口座名義人から「口座が使えなくなった」という苦情が来ることが予想されます。

預貯金口座の凍結については預金規定等に記載されているため、まずは金融機関との契約において、一定事由が生じた場合は預貯金口座を凍結できることになっている旨を説明します。

その上で、日本では振り込め詐欺等の犯罪によって多くの被害が出ていることから、犯罪に使われた預貯金口座内の預貯金の流出を防ぎ、被害者に支払うため、犯罪に使われたと思われる口座を凍結することが法律で定められている（犯罪利用預金口座等に係る資金による被害回復分配金の支払等に関する法律3条、2条4項）、という概要を説明することが考えられます。

また、「今後どうなるのか」「どうすれば凍結が解除されるのか」という質問も想定されますが、実務上は捜査機関の判断によることになり、また詳細な説明は容易ではなく、相手が誤解する可能性もあるため、弁護士等の専門家に相談したほうがよいと思われるという対応が考えられます。

コラム ⑥ ATMで不自然な挙動をしている外国人を認識した場合

　言葉の不自由さや文化の違いもあり、外国人は、日本人以上に、振り込め詐欺等の被害者として狙われる危険が高いものと思われます。

　もっとも、金融機関の「窓口」で振込を依頼する外国人であれば、不自然に多額の現金による振込依頼であった場合や窓口での不自然な様子で気付くことができ、また振込の目的をよく確認することでも、振り込め詐欺等の被害に遭うことを防止することができます。

　一方、「ATM」で振込手続を行う外国人に対しては、焦っている様子、電話をかけたりスマートフォンをみたりしながらの振込依頼等、詐欺被害者の特徴が現れていないかを、振込手続が窓口で行われる場合より一層慎重に観察する必要があります。

　今はATMにも利用方法が英語で案内されるものが多いですが、ATMを操作する外国人が、ATMの利用方法がわからずに困っているのか、それとも振り込め詐欺等の被害に遭いそうになっているのか、外見からは判別が難しい場合もありますので、困っている外国人がいれば、金融機関の担当者から積極的に声を掛け、窓口に誘導するなどの対応が望ましいといえるでしょう。

第5章　在留外国人とのその他の取引における留意点　237

資　料

モデル預金規定等

本モデル預金規定等は、全国銀行協会の作成したモデルおよび複数の金融機関等の規定を参考にしており、英語版・中国語版はこれを翻訳したものです。

■日本語版

第1条（取扱店の範囲）

　この預金は、当店のほか当行国内本支店のどこの店舗でも預入れまたは払戻しができます。

第2条（証券類の受入れ）

(1)　この預金口座には、現金のほか、手形、小切手、配当金領収証その他の証券で直ちに取立のできるもの（以下「証券類」という。）を受入れます。

(2)　手形要件（とくに振出日、受取人）、小切手要件（とくに振出日）の白地はあらかじめ補充してください。当行は白地を補充する義務を負いません。

(3)　証券類のうち裏書、受取文言等の必要があるものはその手続を済ませてください。

(4)　手形、小切手を受入れるときは、複記のいかんにかかわらず、所定の金額欄記載の金額によって取扱います。

(5)　証券類の取立のためとくに費用を要する場合には、店頭表示の代金取立手数料に準じてその取立手数料をいただきます。

第3条（振込金の受入れ）

(1)　この預金口座には、為替による振込金を受入れます。

(2)　この預金口座への振込みについて、振込通知の発信金融機関から重複発信等の誤発信による取消通知があった場合には、振込金の入金記帳を取消します。

第4条（受入証券類の決済、不渡り）

(1)　証券類は、受入店で取立て、不渡返還時限の経過後その決済を確認したうえでなければ、受入れた証券類の金額にかかる預金の払戻しはできません。その払戻しができる予定の日は、通帳に記載します。

(2)　受入れた証券類が不渡りとなったときは預金になりません。この場合は直ちにその通知を届出の住所宛に発信するとともに、その金額を普通預金元帳から引落し、その証券類は当店で返却します。

(3)　前項の場合には、あらかじめ書面による依頼を受けたものにかぎり、その証券類について権利保全の手続をします。

第5条（預金の払戻し）

(1)　この預金を払戻すときは、当行所定の払戻請求書に届出の印章（または署名・暗証）により記名押印（または署名・暗証記入）してこの通帳とともに提出してください。

(2)　前項の払戻しの手続に加え、当該預金の払戻しを受けることについて正当な権

限を有することを確認するための本人確認書類の提示等の手続を求めることがあります。この場合、当行が必要と認めるときは、この確認ができるまでは払戻しを行いません。

(3) この預金口座から各種料金等の自動支払いをするときは、あらかじめ当行所定の手続をしてください。

(4) 同日に数件の支払いをする場合にその総額が預金残高をこえるときは、そのいずれを支払うかは当行の任意とします。

第6条（利息）

この預金の利息は、毎日の最終残高（受入れた証券類の金額は決済されるまでこの残高から除きます。）1,000円以上について付利単位を1円として、毎年2月と8月の当行所定の日に、店頭に表示する毎日の利率によって計算のうえこの預金に組入れます。なお、利率は金融情勢等に応じて変更します。

第7条（届出事項の変更、通帳の再発行等）

(1) 通帳や印章を失ったとき、または、印章、名称、住所その他の届出事項に変更があったときは、直ちに当行所定の方法で届け出てください。この届出の前に生じた損害については当行は責任を負いません。

(2) 通帳または印章を失った場合のこの預金の払戻し、解約または通帳の再発行は、当行所定の手続をした後に行います。この場合、相当の期間をおき、また、保証人を求めることがあります。

(3) 通帳を再発行する場合には、当行所定の手数料をいただきます。

(4) 預金口座の開設の際には、当行は法令で定める本人確認等の確認を行います。本項により当行が預金者について確認した事項に変更があったときには、直ちに当行所定の方法により届け出てください。

第8条（成年後見人等の届出）

(1) 家庭裁判所の審判により、補助・保佐・後見が開始された場合には、直ちに成年後見人等の氏名その他必要な事項を書面によって届出てください。

(2) 家庭裁判所の審判により、任意後見監督人の選任がされた場合には、直ちに任意後見人の氏名その他必要な事項を書面によって届出てください。

(3) すでに補助・保佐・後見開始の審判を受けている場合、または任意後見監督人の選任がなされている場合にも、第1項および第2項と同様に届出てください。

(4) 第1項から前項の届出事項に取消または変更等が生じた場合にも同様に届出てください。

(5) 第1項から前項の届出の前に生じた損害については、当行は責任を負いません。

第9条（印鑑照合等）

払戻請求書、諸届その他の書類に使用された印影（または署名・暗証）を届出の印鑑（または署名鑑・暗証）と相当の注意をもって照合し、相違ないものと認めて

資料　モデル預金規定等　241

取扱いましたうえは、それらの書類につき偽造、変造その他の事故があってもそのために生じた損害については、当行は責任を負いません。

　なお、預金者は、盗取された通帳を用いて行われた不正な払戻しの額に相当する金額について、次条により補てんを請求することができます。

第10条（盗難通帳による払戻し等）

(1)　盗取された通帳を用いて行われた不正な払戻し（以下、本条において「当該払戻し」という。）については、次の各号のすべてに該当する場合、預金者は当行に対して当該払戻しの額およびこれにかかる手数料・利息に相当する金額の補てんを請求することができます。

　①　通帳の盗難に気づいてからすみやかに、当行への通知が行われていること

　②　当行の調査に対し、預金者より十分な説明が行われていること

　③　当行に対し、警察署に被害届を提出していることその他の盗難にあったことが推測される事実を確認できるものを示していること

(2)　前項の請求がなされた場合、当該払戻しが預金者の故意による場合を除き、当行は、当行へ通知が行われた日の30日（ただし、当行に通知することができないやむを得ない事情があることを預金者が証明した場合は、30日にその事情が継続している期間を加えた日数とします。）前の日以降になされた払戻しの額およびこれにかかる手数料・利息に相当する金額（以下「補てん対象額」といいます。）を前条本文にかかわらず補てんするものとします。

　ただし、当該払戻しが行われたことについて、当行が善意無過失であることおよび預金者に過失（重過失を除く）があることを当行が証明した場合には、当行は補てん対象額の4分の3に相当する金額を補てんするものとします。

(3)　前2項の規定は、第1項にかかる当行への通知が、この通帳が盗取された日（通帳が盗取された日が明らかでないときは、盗取された通帳を用いて行われた不正な預金払戻しが最初に行われた日。）から、2年を経過する日後に行われた場合には、適用されないものとします。

(4)　第2項の規定にかかわらず、次のいずれかに該当することを当行が証明した場合には、当行は補てんしません。

　①　当該払戻しが行われたことについて当行が善意かつ無過失であり、かつ、次のいずれかに該当すること

　　A．当該払戻しが預金者の重大な過失により行われたこと

　　B．預金者の配偶者、二親等内の親族、同居の親族その他の同居人、または家事使用人によって行われたこと

　　C．預金者が、被害状況についての当行に対する説明において、重要な事項について偽りの説明を行ったこと

　②　通帳の盗取が、戦争、暴動等による著しい社会秩序の混乱に乗じまたはこれに付随して行われたこと

(5) 当行が当該預金について預金者に払戻しを行っている場合には、この払戻しを行った額の限度において、第1項に基づく補てんの請求には応じることはできません。また、預金者が、当該払戻しを受けた者から損害賠償または不当利得返還を受けた場合も、その受けた限度において同様とします。

(6) 当行が第2項の規定に基づき補てんを行った場合に、当該補てんを行った金額の限度において、当該預金にかかる払戻請求権は消滅します。

(7) 当行が第2項の規定に基づき補てんを行った場合は、当行は、当該補てんを行った金額の限度において、盗取された通帳により不正な払戻しを受けた者その他の第三者に対して預金者が有する損害賠償請求権または不当利得返還請求権を取得するものとします。

第11条 （譲渡、質入れ等の禁止）

(1) この預金、預金契約上の地位その他この取引にかかるいっさいの権利および通帳は、譲渡、質入れその他第三者の権利を設定すること、または第三者に利用させることはできません。

(2) 当行がやむをえないものと認めて質入れを承諾する場合には、当行所定の書式により行います。

第12条 （取引等の制限）

(1) 当行は、預金者の情報および具体的な取引の内容等を適切に把握するため、提出期限を指定して各種確認や資料の提出を求めることがあります。預金者から正当な理由なく指定した期限までに回答いただけない場合には、入金、振込み、払戻し等の本規定に基づく取引の一部を制限する場合があります。

(2) 日本国籍を保有せずに本邦に居住している預金者は、在留資格および在留期間その他の必要な事項を当行の指定する方法によって当店に届出てください。この場合において、届出のあった在留期間が経過したときは、当行は、入金、振込み、払戻し等の本規定に基づく取引の全部または一部を制限することがあります。

(3) 第1項および前項の各種確認や資料の提出の求めに対する預金者の回答、具体的な取引の内容、預金者の説明内容およびその他の事情を考慮して、当行がマネー・ローンダリング、テロ資金供与、もしくは経済制裁関係法令等への抵触のおそれがあると判断した場合には、入金、払戻し等の本規定に基づく取引の一部を制限する場合があります。

(4) 第1項から前項までに定めるいずれの取引の制限についても、預金者からの説明等に基づき、マネー・ローンダリング、テロ資金供与、または経済制裁関係法令等への抵触のおそれが合理的に解消されたと当行が認める場合、当行は当該取引の制限を解除します。

第13条 （解約等）

(1) この預金口座を解約する場合には、この通帳を持参のうえ、申出てください。

資料　モデル預金規定等　243

(2) 次の各号のいずれかに該当した場合には、当行はこの預金取引を停止し、または預金者に通知することによりこの預金口座を解約することができるものとします。なお、通知により解約する場合、到達のいかんにかかわらず、当行が解約の通知を届出のあった氏名、住所に宛てて発信した時に解約されたものとします。

① この預金口座の名義人が存在しないことが明らかになった場合または預金口座の名義人の意思によらず開設されたことが明らかになった場合

② この預金の預金者が第11条第1項に違反した場合

③ この預金が本邦または外国の法令・規制や公序良俗に反する行為に利用され、またはそのおそれがあると認められる場合

④ 法令で定める本人確認等における確認事項または第12条第1項もしくは第2項に基づき預金者が回答または届出た事項について、預金者の回答または届出が偽りであることが判明した場合

⑤ この預金がマネー・ローンダリング、テロ資金供与、経済制裁に抵触する取引に利用され、またはそのおそれがあると当行が認め、マネー・ローンダリング等防止の観点で当行が預金口座の解約が必要と判断した場合

(3) この預金口座は、次の①から③までのいずれにも該当しない場合に利用することができ、次の①から③までの一つにでも該当する場合には、当行はこの預金口座の開設をお断りするものとします。また、第2項のほか、次の①から③までの一つにでも該当した場合には、当行はこの預金取引を停止し、または預金者に通知することによりこの預金口座を解約することができるものとします。

① この預金の預金者が口座開設申込時にした表明・確約に関して虚偽の申告をしたことが判明した場合

② この預金の預金者が、次のAからFまでのいずれかに該当したことが判明した場合

A．暴力団

B．暴力団員

C．暴力団準構成員

D．暴力団関係企業

E．総会屋等、社会運動等標ぼうゴロまたは特殊知能暴力集団等

F．その他前記AからEに準ずる者

③ この預金の預金者が、自らまたは第三者を利用して、次のAからEまでのいずれかに該当する行為をした場合

A．暴力的な要求行為

B．法的な責任を超えた不当な要求行為

C．取引に関して、脅迫的な言動をし、または暴力を用いる行為

D．風説を流布し、偽計を用いまたは威力を用いて当行の信用を毀損し、または当行の業務を妨害する行為

Ｅ．その他前記ＡからＤに準ずる行為

(4)　この預金が、当行が別途表示する一定の期間預金者による利用がなく、かつ残高が一定の金額を超えることがない場合には、当行はこの預金取引を停止し、または預金者に通知することによりこの預金口座を解約することができるものとします。また、法令に基づく場合にも同様にできるものとします。

(5)　第２項から前項までの事由により、この預金口座が解約され残高がある場合、またはこの預金取引が停止されその解除を求める場合には、通帳を持参のうえ、当行所定の書面に届出の印章（または署名・暗証）により、記名押印（または署名・暗証記入）しまたは当行所定の電子装置に記名押印して当店に申出てください。この場合、当行は相当の期間をおき、必要な書類等の提出または保証人を求めることがあります。

第14条（保険事故発生時における預金者からの相殺）

(1)　この預金は、当行に預金保険法の定める保険事故が生じた場合には、本条各項の定めにより相殺することができます。なお、この預金に、預金者の当行に対する債務を担保するため、もしくは第三者の当行に対する債務で預金者が保証人となっているものを担保するために質権等の担保権が設定されている場合にも同様の取扱いとします。

(2)　相殺する場合の手続については、次によるものとします。

　①　相殺通知は書面によるものとし、複数の借入金等の債務がある場合には充当の順序方法を指定のうえ、通帳は届出印を押印して直ちに当行に提出してください。ただし、この預金で担保される債務がある場合には、当該債務または当該債務が第三者の当行に対する債務である場合には預金者の保証債務から相殺されるものとします。

　②　前号の充当の指定のない場合には、当行の指定する順序方法により充当いたします。

　③　第１号による指定により、債権保全上支障が生じるおそれがある場合には、当行は遅滞なく異議を述べ、担保・保証の状況等を考慮して、順序方法を指定することができるものとします。

(3)　相殺する場合の借入金等の債務の利息、割引料、遅延損害金等の計算については、その期間を相殺通知が当行に到達した日までとして、利率、料率は当行の定めによるものとします。また、借入金等を期限前弁済することにより発生する損害金等の取扱いについては当行の定めによるものとします。

(4)　相殺する場合の外国為替相場については当行の計算実行時の相場を適用するものとします。

(5)　相殺する場合において借入金の期限前弁済等の手続について別の定めがあるときには、その定めによるものとします。ただし、借入金の期限前弁済等について当行の承諾を要する等の制限がある場合においても相殺することができるものと

資料　モデル預金規定等　245

します。

第15条　（準拠法、合意管轄）

　この規定は、日本法を準拠法として、それに従って解釈されるものとします。この規定から生じるあらゆる紛争は、東京地方裁判所を第一審の専属的合意管轄裁判所とします。

第16条　（言語）

　この規定は日本語によって作成され、日本語により解釈されるものとします。他の言語による翻訳文は預金者の参考のためであり、かかる翻訳文はこの規定並びに当行および預金者の権利義務の解釈についていかなる効力も有しません。日本語と翻訳文との間に不一致がある場合、日本語が優先します。

第17条　（規定の改定）

　この規定の内容については改定することがあります。改定をする場合、当行は、預金者に対し、改定内容を記載した店頭ポスターまたはホームページ等にて掲示する方法その他当行所定の方法によりこれを通知します。変更後に預金者がこの預金口座を利用した場合は、当該改定について承諾したものとみなし、以後、改定後の規定を適用するものとします。

■英語版

Article 1 (Offices Handling the Account Transaction)

The depositor may make deposits in or withdrawals from the Account at this branch or the head office and all the other branches in Japan of the Bank.

Article 2 (Items for Deposit)

(1) In addition to cash, the Bank shall receive for deposit in the Account notes (*"tegata"*) , checks (*"kogitte"*) , dividend certificates (*"haitokin-juryosho"*) or any other instruments (*"shoken"*) which can be collected immediately (hereinafter referred to as "Instruments").

(2) Before depositing a note, check or any other Instruments, the depositor shall fill in all the information required on the note (especially the issue date and the recipient) or the check (especially the issue date). The Bank is not obligated to fill in such information.

(3) Before depositing Instruments, the depositor shall endorse the Instruments and complete any other formalities required to make the Instruments ready for collection.

(4) Regardless of amount shown elsewhere thereon, the notes and checks shall be credited to the Account by the face amount indicated in the stipulated amount column.

(5) The Bank shall charge the depositor the expenses for collection of the Instruments, if any, in accordance with the payment collection fee displayed by the Bank.

Article 3 (Acceptance of Remitted Funds)

(1) The Bank shall accept the funds remitted to the Account from other financial institutions based on a transfer instruction.

(2) In case the Bank receives a request for cancellation of a fund transfer from the financial institution dispatching a notice of remittance of fund due to duplicated dispatch or any other error, the Bank may cancel such fund transfer to the Account without any notice to the depositor.

Article 4 (Settlement and Dishonor of Received Instruments)

(1) Unless the office or the branch which received the Instrument collects the notes payable and the settlement thereof has been verified by the Bank after the due date for the return of dishonored Instrument, the depositor may not withdraw the fund of such received Instrument. The estimated date when the depositor may withdraw such fund shall be described on this passbook.

(2) In the event that the Instruments received for deposit is dishonored, the amount of such Instrument shall not be deposited to the Account. In such case, the Bank shall immediately send a notice to the depositor's registered address, cancel the relevant credit entries in the Bank's ordinary account ledger, and return the Instrument to the depositor at the office or branch where such Instrument was received.

(3) In the case prescribed in the preceding paragraph, the Bank shall take the necessary steps to preserve the depositor's rights only to the extent that the Bank is requested in writing in advance by the depositor.

Article 5 (Withdrawal of Deposit)

(1) The Bank shall accept a request for withdrawal of deposit in case the depositor submit the withdrawal request form prescribed by the Bank with the seal which corresponds with the seal registered with the Bank (or with the sign and the PIN which corresponds with the sign and the PIN registered with the Bank) along with this passbook.

(2) In addition to the procedure prescribed in the preceding paragraph, the Bank may request the depositor to present or submit personal identification document in order for the Bank to confirm whether the depositor has a legitimate right to withdraw from the Account. In such case, the Bank may refuse to accept withdrawal until the Bank completes the clearance.

(3) In the case the depositor desires automatic payments of charges or fees to third parties, the depositor shall take the necessary procedures prescribed by the Bank.

(4) In the case where multiple payments are made from the Account on the same day, and the aggregate amount thereof exceeds the fund in the Account, the Bank shall have the sole discretion as to which of such payments shall be made.

Article 6 (Interest)

The Bank calculates the deposit interest according to the interest rate displayed by the Bank with the minimum denomination on which interest is calculated being JPY1 only when the daily final balance (the amount of any Instruments deposited shall be excluded from the said balance until they are settled) is JPY1,000 or more. Such interest shall be paid into the Account on the prescribed day in February and August. The Bank may change the interest rate due to changes in financial circumstances, etc.

Article 7 (Changes in Registered Information, Reissuance of the Passbook, etc.)

(1) The depositor shall immediately notify the Bank by the method prescribed

by the Bank of the loss of the depositor's passbook or seal, or any change in the seal, name, address or any other information that the depositor has registered with the Bank. The Bank shall not be liable for any loss or damage which arises prior to the receipt of such notice.

(2) In the case where the passbook or the seal is lost, all the withdrawal, termination or reissuance of passbook regarding this Account shall be made only after the procedure prescribed by the Bank is completed. In this case, the Bank may request a reasonable period for such procedure and may require a guarantor.

(3) The depositor shall pay a fee prescribed by the Bank for the reissuance of the passbook.

(4) At the time of opening the Account, the Bank shall conduct the personal identification verification, etc. required by the laws and regulations. The depositor shall notify immediately by the method prescribed by the Bank of any changes in the information provided therein.

Article 8 (Notification of Appointment of Guardian of Adult)

(1) In the event that assistance, curatorship or guardianship commences for the depositor by the ruling of the family court, the depositor, assistant, curator or guardian shall immediately notify the Bank in writing of the name of the relevant adult guardian, etc. and other required matters.

(2) In the event that a supervisor of the guardian is appointed for the depositor by the ruling of the family court, the depositor or guardian shall immediately notify the Bank in writing of the name of the supervisor and other required matters.

(3) Notification procedures referred to in the preceding two paragraphs shall apply to the cases where a ruling to commence assistance, curatorship or guardianship has already been issued or a supervisor of guardian has already been appointed for the depositor.

(4) The depositor, assistant, curator or guardian shall notify the Bank of any cancellation of or modification to any matters notified pursuant to the preceding three paragraphs in the same manner as specified above.

(5) The Bank shall not be liable for any loss or damage arises prior to the receipt of such notification.

Article 9 (Disclaimers on Seal Verification, etc.)

The Bank shall not be liable for any loss or damage arising from forgery, alteration, or other incident in respect of withdrawal request form or other items submitted to the Bank, as long as the Bank has verified with a reasonable care the correspondence of the seal with the seal registered with the Bank (or the correspondence of the sign and the PIN with the sign and the PIN registered with the Bank).

The depositor may claim compensation for the amount equivalent to the amount of fraudulent withdrawal using a theft passbook subject to the following article.

Article 10 (Withdrawal Using Theft Passbook, etc.)

(1) With regard to fraudulent withdrawal made by using a theft passbook (hereinafter referred to as "Refunds" in this Article), the depositor may claim to the Bank the amount of the withdrawal and the amount equivalent to the fees and interest of such withdrawal in the case the depositor has fulfilled all the following items:

   (i) the depositor has notified to the Bank promptly after recognizing the theft of the passbook;

   (ii) the depositor has given sufficient explanation to the Bank's investigation; and

   (iii) the depositor has submitted a damage report to the relevant police station or has demonstrated in any other way the fact which could infer the existence of the theft.

(2) Unless there is a willful misconduct on the depositor regarding the Refunds, in the case the request set forth in the preceding paragraph is made, the Bank shall compensate the amount of the Refund made after the date which is 30 days before the date of the notice to the Bank and the amount equivalent to its fees and interests (collectively hereinafter referred to as "Compensation Amount") regardless of the 1st sentence of the preceding article. In the event where the depositor demonstrates that there was an unavoidable circumstance that the notification could not be made within 30 days, the number of days on which such circumstances continue shall be added to the period of 30 days to be compensated.

   Provided, however, that if the Bank demonstrates that the Bank was without knowledge or negligence and that the depositor was with negligence (except for gross negligence) regarding the Refunds, the Bank shall pay the amount equivalent to three fourth (3/4) of the Compensation Amount.

(3) The preceding two paragraphs shall not be applied in the event that the notification to the Bank pursuant to the first paragraph was made after two (2) years from the theft of the passbook. In the case where the date the passbook was theft is not clear, such two (2) year period shall commence from the date the first fraudulent withdrawal was made using the theft

passbook.

(4) Notwithstanding paragraph 2 of this Article, in the case the Bank demonstrates any of the followings, the Bank shall not be liable for compensation.

　(ⅰ) The Bank is without knowledge or negligence regarding the Refunds, and also falls under any of the followings:

　　A. the Refunds were made due to the gross negligence of the depositor;

　　B. the Refunds were made by the depositor's spouse, relatives within the second degree, relatives and others who live together, or housework employee; or

　　C. the depositor made an untrue explanation on material matters of the damage to the Bank.

　(ⅱ) Passbook theft has taken place in connection with significant social order disruption caused by war, riots, etc.

(5) In the case the Bank has refunded to the depositor such deposit, the Bank is not liable for the compensation pursuant to paragraph 1 of this Article to the extent of such refund amount. In the case the depositor receives payment as a damage claim or an unjust enrichment from the person who received the Refunds, the same shall apply.

(6) In the case the Bank compensates according to paragraph 2 of this Article, the claim for the deposit refund shall cease to exist to the extent of the amount of such compensation.

(7) In the case where the Bank has made a compensation in pursuant to paragraph 2 of this Article, the Bank shall, within the limit of the amount of such compensation, acquire the right of claim for damage recovery or for unfair enrichment against the person who has received a fraudulent refund using theft passbook or other third parties.

Article 11 (No Assignment or Pledge)

(1) The depositor may not assign, pledge, grant a third party any right to, or permit a third party to use, the deposit in the Account, the depositor's contractual status under the deposit agreement, or any other right or a passbook with respect to any transaction regarding the Account.

(2) In case the Bank decides to accept the pledge due to unavoidable circumstances, the depositor shall comply with the formalities prescribed by the Bank.

Article 12 (Restriction on Transaction)

(1) In order to properly understand the depositor's information and the details of the specific transaction, etc., the Bank may request the depositor to submit various verification documents by the designated deadline. If the depositor did not respond by the designated deadline without a justifiable reason, the Bank may restrict a part of the transaction (including without limitation, deposit, remittance, and withdrawal) under this terms and conditions.

(2) Non-Japanese depositors who reside in Japan shall notify the Bank of the status of residence, the period of stay, and any other necessary information by the method designated by the Bank. The Bank may restrict all or part of transactions (including without limitation, deposit, remittance, and withdrawal) under this terms and conditions in the case that the notified period of stay has expired.

(3) In the case where the Bank determines that there is a risk of money laundering, terrorism financing or violation of economic sanction related laws and regulation by taking into account the verification information, specific details of the transaction, explanation by depositor regarding the transaction and any other relevant matters submitted or responded by the depositor pursuant to paragraph 1 and 2 of this Article, the Bank may restrict part of transactions (including without limitation, deposit, remittance and withdrawal) under this terms and conditions.

(4) With regard to the restrictions on transactions set forth in paragraph 1 to 3 of this Article, the Bank shall release the restriction on the transaction in case the Bank determines that the risk of money laundering, terrorist financing, or violation of economic sanctions related laws and regulations is reasonably resolved, based on explanations from the depositor.

Article 13 (Termination, etc.)

(1) The depositor may terminate and close the Account by notifying such termination and submitting the passbook to the Bank.

(2) The Bank may suspend deposit transactions, or close the Account by giving notice to the depositor in case any of the following events occur. In this case, the Account shall be deemed to be closed at the time when the Bank dispatches the notice to the name and address of the depositor registered with the Bank, regardless of whether such notice actually is delivered to the depositor.

　(i) When it has become evident that the holder of such Account does not exist or that the Account was opened without the intention of the Account holder.

(ii) When the depositor has breached Article 11, paragraph 1.

(iii) When a deposit has been used, or is likely to be used, for any act that violates any Japanese or foreign laws or regulations, or the public order.

(iv) When it is found that the depositor's response to the personal identification verification procedure required by the laws and regulations, or the notification or the response made under Article 12 paragraph 1 or 2 is untrue or deceptive.

(v) When the Bank recognizes that the deposit is used or likely to be used for money laundering, terrorism financing or transactions that violate economic sanctions, and determines that it is necessary for the Bank to terminate and close the Account to prevent such money laundering, etc.

(3) The Account may be used only when the depositor does not fall under any of the following items (i) through (iii). In case the depositor falls under any of such items, the Bank may refuse to open an account for the depositor. In addition to the preceding paragraph, when any of the following items (i) through (iii) applies, the Bank may suspend the Account transaction or terminate and close the Account by giving notice to the depositor.

(i) In case it has become clear that the depositor made a false statement on representation and undertaking at the time of application for account opening.

(ii) In case it has become clear that the depositor falls under any of the following categories:

A. an organized crime group ("*Boryokudan*") ;

B. a member of a Boryokudan ("*Boryokudanin*") ;

C. a sub-member of a Boryokudan ("*Boryokudan jun kouseiin*") ;

D. a corporation related to a Boryokudan ("*Boryokudan kankei kigyou*") ;

E. a corporate racketeer ("*Soukaiya*") or racketeer acting as if advocating legitimate social causes ("*Shakai undou nado hyoubou goro*"), or a special intelligence organized crime group ("*Tokushu chinou boryoku shudan*"), etc.;

F. a person or organization equivalent to any of A through E described above.

(iii) In case the depositor is engaged in any of the following acts directly or by utilizing a third party:

資料　モデル預金規定等　253

A. Violent demand;

B. Unjustified demand beyond the legal liability;

C. Intimidating act or use of violence in transactions;

D. Act of damaging the Bank's credit or obstructing the Bank's business by spreading false information, using fraudulent means or exercising force;

E. Other acts equivalent to A through D above.

(4) In the case that no transaction has been made by the depositor for a period separately prescribed by the Bank and the balance of such Account is less than a certain amount; the Bank may suspend Account transaction or terminate and close the Account by giving notice to the depositor. The same procedure shall be applied in the case based on laws and regulations.

(5) In the event that any balance remains after the Account being terminated pursuant to any of preceding paragraphs (2) through (4), or that the depositor requests to terminate the suspension of the account transaction, the depositor may request withdrawal or termination by submitting the form prescribed by the Bank with the seal which corresponds with the seal registered with the Bank (or with the sign and the PIN which corresponds with the sign and the PIN registered with the Bank), or by signing and sealing the electrical device prescribed by the Bank, along with the submission of this passbook. In this case, the Bank may request a reasonable period for such procedure and may require a guarantor.

Article 14 (Setoff from Depositor in the Insurable Event)

(1) In case of an insurable event under the Deposit Insurance Act, the depositor may use this deposit to setoff according to the provisions of this Article. The same shall apply in case the deposit is secured by pledges, etc. as collateral for depositor's debt to the Bank, or as collateral for a third party's debt to the Bank secured by the depositor as guarantee.

(2) The following procedure shall be applied in the event of setoff:

(i) A notice of setoff shall be made in writing, and the depositor shall submit the passbook with the seal which corresponds with the seal registered with the Bank along with such notice. In case there are multiple borrowings, the depositor shall designate the order of priority in which the setoff shall be made. However, in case there is debt secured by this deposit, the setoff shall be made from such debt, and in case the debt is an obligation by a third party to the Bank, the setoff shall be made from the depositor's guarantee obligation.

(ii) In the absence of the designation prescribed in the preceding paragraph, the setoff shall be made in the order designated by the Bank.

(iii) In case the designation made pursuant to the sub-paragraph (1) may hinder the preservation of the claims, the Bank may, without delay, make an objection and designate the order of priority considering the security and guarantee situation, etc.

(3) In the event of setoff, as for the calculation of the interest, discount charge, delay damages, etc., of the debts such as borrowing, etc. the period shall be until the day the setoff notice was received by the Bank and the interest rates prescribed by the Bank shall apply. The damages, etc. caused by prepayment of the borrowing, etc. shall be handled pursuant to the provisions prescribed by the Bank.

(4) With respect to foreign exchange market in the event of setoff, the market at the time of the calculation made by the Bank shall apply.

(5) If there is a separate provision for the procedure of prepayment of borrowings in the event of setoff, such provision shall prevail. However, the setoff may be made even in the case where the Bank's approval or any other restrictions for prepayment of borrowing, etc. are required.

Article 15 (Governing Law and Jurisdiction)

This terms and conditions shall be governed by and construed in accordance with the laws of Japan. Any disputes arising out of this terms and conditions shall be subject to the exclusive jurisdiction of the Tokyo District Court.

Article 16 (Language)

This terms and conditions are made in the Japanese Language, which is the controlling language hereof. Any translation of this terms and conditions is made for reference purpose only, and such translation has no validity or effect in construing the terms and conditions hereof or the rights and obligations of the Bank and the depositor. If there is a discrepancy between the Japanese and the translated version, the Japanese version shall prevail.

Article 17 (Amendment)

This terms and conditions may be revised. In the case of revision, the Bank shall notify the depositor of the revision by way of posting on the over-the-counter poster or website or other method prescribed by the Bank. In case the depositor uses this Account after the revision of the terms and conditions, it shall be deemed that the depositor has accepted such revision, and the revised terms and conditions shall apply thereafter.

資料 モデル預金規定等　255

■中国語版

第1条（受理银行网点的范围）

除本营业网点外，本存款可以在本行国内总行及支行的任何营业网点进行存入或退还。

第2条（证券类的接收）

(1) 除现金外，本存款账户还接收票据、支票、股息红利领取收据以及其他证券中可以立即回收的证券（以下称"证券类"）。

(2) 请事先填补票据要件（尤其是出票日、收款人）、支票要件（尤其是出票日）的空白栏。本行不承担填补空白栏的义务。

(3) 证券类中需要背书、收取陈述等手续的，请办理完相关手续。

(4) 接收票据、支票时，无论重复记载与否，均按照规定的金额栏记载的金额处理。

(5) 进行证券类的回收需要额外费用的，按照营业网点标明的现金回收手续费收取回收手续费。

第3条（汇款的接收）

(1) 本存款账户接收汇兑的汇款。

(2) 关于向本存款账户的汇款，汇款通知的发送金融机构发出因重复发送等错误发送而进行取消的通知的，取消汇款的存入记账。

第4条（已接收证券类的结算、拒付）

(1) 证券类须仅在接收营业网点进行回收、且拒付返还时限届满并已确认其结算的基础上，方可将已接收证券类的金额相应的存款退还。可进行退还的预定日期记载于存折上。

(2) 已接收证券类发生拒付时不能成为存款。此时应立即向经申报的地址发送该通知，同时将该金额从普通存款总账中扣除，本营业网点将退还该证券类。

(3) 前款情形下，仅限于受事先书面委托的，将就该证券类办理权利保全手续。

第5条（存款的退还）

(1) 退还本存款时，请在本行规定的退还请求书上以经申报的印章（或签名、密码）签字盖章（或签名、填写密码），并与存折一同提交。

(2) 除前款规定的退还手续外，为确认对于接受该存款的退还拥有正当权限，本行可以要求出示本人的确认文件等手续。此情形下，本行认为必要的，在完成该确认前不进行退还。

(3) 从本存款账户进行各种费用等的自动支付时，请事先至本行办理规定的手续。

(4) 同日支付多笔款项的，该支付的总额超出存款余额时，由本行自行决定支付哪笔款项。

第6条（利息）

每日最终余额（接收的证券类金额在结算之前不包含在该余额中）为1000日元以上时，本存款的计息单位为1日元，在每年2月和8月本行规定的日期，根据营业网

点标明的每日利率计算本存款利息后转入本存款中。另外，利率根据金融形势等的变化而变化。

第7条（申报事项的变更、存折的重新发行等）

(1) 存折或印章遗失的，或印章、名称、地址及其他申报事项发生变更的，请立即按本行规定的方式进行申报。就该申报之前发生的损失，本行不承担责任。

(2) 存折或印章遗失的情形下本存款的退还、解约或存折的重新发行，在完成本行规定的手续后可以实施。此时，本行可以设置一定的期限或要求提供保证人。

(3) 重新发行存折的，需支付本行规定的手续费。

(4) 开设存款账户时，本行实施法律规定的本人确认等确认。按照本款规定本行已向存款人确认的事项发生变更的，请立即按照本行规定的方式进行申报。

第8条（成年后见人等的申报）

(1) 经家庭法院的审判，开始实施辅助、保佐、后见的，请立即将成年后见人等的姓名及其他必要事项以书面形式进行申报。

(2) 经家庭法院的审判，选定了任意后见监督人的，请立即将任意后见人的姓名及其他必要事项以书面形式进行申报。

(3) 已经被判决开始辅助、保佐、后见的，或已选定任意后见监督人的，请按照第1款和第2款的规定进行申报。

(4) 第1款至前款的申报事项发生撤销或变更的，请同样进行申报。

(5) 就第1款至前款的申报办理前发生的损失，本行不承担责任。

第9条（印鉴比照等）

以相当程度的注意将退还请求书、各种申报及其他文件中所使用的印章（或签字、密码）与报备的印鉴（或签名章、密码）相比，认为没有差异并进行处理后，即使因该等文件存在伪造、变造及其他事故而造成损失，本行也不承担责任。

另外，存款人就通过被盗存折实施的不当取款额的相当金额，可根据下条规定请求补偿。

第10条（利用被盗存折的取款等）

(1) 就利用被盗存折实施的不正当取款（以下在本条中简称"该取款"），满足下列各项所有条件的，存款人可以向本行请求补偿该取款额及相关手续费和利息的相关金额。

① 发现存折被盗后迅速通知了本行

② 对于本行的调查，存款人进行了充分的说明

③ 向本行出示了能够确认已向警察局提交受害申报及其他推测已发生盗窃之事实的资料

(2) 提出前款请求的，除该取款系因存款人的故意导致的情形外，尽管有上一条正文的规定，本行也应就向本行发送通知之日的30日（但是，如果存款人证明有无法通知本行的不得已的事由的，则为30日加上该事由持续期间后的天数）前开始发生的取款金额及其相关的手续费和利息的总额（以下简称"补偿对象金额"）予以补偿。

资料　モデル預金規定等　**257**

但是，就该取款的实施，如果本行证明了本行是善意无过失的且存款人存在过失（重大过失除外），则本行应对相当于补偿对象金额之四分之三的金额予以补偿。

(3) 自本存折被盗之日（存款被盗之日不明确的，第一次通过被盗存折实施不当取款之日为本存折被盗之日）起2年后发出第1款规定的向本行发送的通知的，不适用前2款的规定。

(4) 尽管有第2款的规定，本行证明存在下列各项情形之一的，不予补偿。

① 就该取款的实施，本行是善意且无过失的，并且存在下列情形之一的：

A．该取款系因存款人的重大过失导致的

B．系存款人的配偶、二亲等内的亲属、同居的亲属及其他同居人、或者家政服务人员实施的

C．存款人就受害情况向本行所作的说明中，就重要事项进行了虚假陈述的

② 存折的盗窃系趁战争、暴动等引起的显著的社会秩序混乱之机或随之发生的

(5) 本行就该存款向存款人进行退还时，在该退还的金额限度内，本行无法同意基于第1款的补偿请求。另外，存款人自收到该取款的人处获得损害赔偿或不当得利返还的情形下，在该金额的限度内也将采取相同的应对。

(6) 本行根据第2款的规定进行补偿的，在该补偿的金额限度内，该存款涉及的返还请求权消灭。

(7) 本行根据第2款的规定进行补偿的，在该补偿的金额限度内，本行取得存款人享有的对利用被盗存折实施不当取款的取款人及其他第三人的损害赔偿请求权或不当得利返还请求权。

第11条（转让、抵押等的禁止）

(1) 本存款、存款合同项下的地位及其他与本交易有关的一切权利及存折，不得转让、设定抵押及其他第三方的权利、或者让第三方使用。

(2) 在本行认为不得已的情况下同意抵押的，按照本行规定的格式进行。

第12条（交易等的限制）

(1) 为准确掌握存款人信息及具体的交易内容等，本行可以指定提交期限要求提交各种确认文件和资料。存款人无正当理由在指定期限前未作出回复的，本行可以限制存款、汇款、取款等本规定项下的部分交易。

(2) 未持有日本国籍但在日本居住的存款人，请将居留资格和居留期限及其他必要事项按照本行指定的方式向本营业网点申报。此时，申报的居留期限届满的，本行可以限制存款、汇款、取款等本规定项下的全部或部分交易。

(3) 考虑到存款人对第1款及前款规定的各种确认文件和资料的提交要求作出的回复、具体的交易内容、存款人的说明内容及其他事由，如果本行认为有可能构成洗钱、为恐怖主义提供资金、或违反经济制裁相关法令等，则本行可以限制存款、取款等本规定项下的部分交易。

(4) 就第1款至前款规定的任一交易限制，根据存款人的说明等，如果本行认为构成洗钱、为恐怖主义提供资金、或违反经济制裁相关法令等的可能性被合理消除的，

则本行将解除该交易限制。

第13条（解约等）

(1) 撤销本存款账户的，请持本存折提出申请。

(2) 有下列各项情形之一的，本行可以停止本存款交易，或通过向存款人发送通知撤销本存款账户。并且，以通知形式销户的，无论通知是否送达，本行向经报备的姓名、住址发送销户通知时该存款账户即被撤销。

① 确认本存款账户的名义人不存在的，或确认非依存款账户名义人的意愿开户的

② 本存款的存款人违反第11条第1款的规定的

③ 认为本存款被用于或可能被用于违反日本或外国法律法规或公序良俗之行为的

④ 就法律规定的本人确认等的确认事项，或者根据第12条第1款或第2款的规定存款人回答或申报的事项，存款人的回答或申报被认定为是虚假的

⑤ 本行认为本存款被用于或可能被用于洗钱、为恐怖主义提供资金、违反经济制裁的交易，出于反洗钱等的考虑，本行判断需要撤销存款账户的

(3) 本存款账户可以用于不符合下列①～③中任一情形的情况，有下列①～③中任一情形的，本行将拒绝本存款账户的开设。并且，除第2款外，有下列①～③中任一情形的，本行将停止本存款交易，或通过向存款人发送通知的方式撤销本存款账户。

① 确认本存款的存款人在申请开户时作出的声明、保证中进行了虚假申报的

② 确认本存款的存款人属于下列 A～F 中任一项的

A．暴力团

B．暴力团成员

C．暴力团准成员

D．暴力团关联企业

E．股东大会破坏专业户等、标榜社会运动等的流氓势力或特殊智能暴力集团等

F．与前述 A～E 同等的其他人员

③ 本存款的存款人自行或利用第三方实施了属于下列 A～E 中任一项的行为时

A．暴力性的要求行为

B．法定责任外的不当要求行为

C．在交易中有胁迫言行或使用暴力的行为

D．通过散布谣言、欺诈或利用威力，损害本行的信用或妨碍本行之业务的行为

E．与前述 A～D 同等的其他行为

(4) 本行另行指定的一定期限内存款人未使用本存款，且余额未超过一定金额的，本行可以停止本存款交易，或以向存款人发送通知的方式撤销本存款账户。另外，法律规定的情况下也可以采取相同的应对。

(5) 因第2款至前款的事由，本存款账户被撤销但仍有余额的，或本存款交易被停止，存款人要求撤销该停止的，请持存折，并在本行规定的书面文件上以报备的印章（或签名、密码）进行签字盖章（或签名、填写密码），或者在本行规定的电子

资料 モデル預金規定等 259

设备上签字盖章后向本营业网点提出申请。此时，本行可以设置一定的期限要求存款人提交必要文件等，或者要求存款人提供保证人。

第14条（保险事故发生时存款人的抵销）

(1) 本存款在本行发生存款保险法规定的保险事故的，可以根据本条各款的规定进行抵销。另外，本存款上为担保存款人对本行负有的债务，或者担保第三人对本行负有的债务中以存款人作为保证人的债务而设定质押等担保权的，同样可以进行抵销。

(2) 抵销时的手续如下。

① 抵销通知应采用书面形式，有多笔借款等债务的，请在指定抵充的顺序方法之基础上，将存折加盖报备章后立即提交给本行。但是，有以本存款担保的债务的，或该债务是第三人对本行负有的债务时，应从存款人的保证债务中予以抵销。

② 未指定前项的抵充的顺序方法时，按照本行指定的顺序方法进行抵充。

③ 因第1项所做的指定，可能对债权保全产生妨碍的，本行应可以及时提出异议，并在考虑担保或保证的情况等的基础上，指定顺序方法。

(3) 抵销时的借款等债务的利息、折扣费用、迟延损害金等，应在抵销通知送达本行之日为止的期间内，按照本行规定的利率、费率计算。另外，就因到期前清偿借款等而产生的损失等，应根据本行的规定处理。

(4) 抵销时的外汇汇率，应适用本行实施计算时的汇率。

(5) 就抵销时借款的到期前清偿等手续，另有规定的，从其规定。但是，就借款的到期前清偿等，即使存在需要取得本行的同意等限制的，也可以进行抵销。

第15条（适用法律、协议管辖）

本规定适用日本法，依照日本法进行解释。就本规定发生的一切纠纷，均以东京地方法院为第一审专属协议管辖法院。

第16条（语言）

本规定以日语制作，并以日语进行解释。以其他语言制作的翻译文本供存款人参考，该等翻译文本对本规定及本行和存款人的权利义务的解释均不具有任何效力。日语版与翻译文本存在不一致的，以日语版为准。

第17条（规定的修改）

本规定的内容可以进行修改。进行修改时，本行应通过记载修改内容的营业网点海报或网站主页等公告方式及其他本行规定的方式通知存款人。本规定的内容变更后存款人使用本存款账户的，视为存款人认可该修改，以后应适用修改后的规定。

事 項 索 引

【数字・英字】

1 号特定技能外国人 ………… 20、22
2 号特定技能外国人 ……………… 20
CRS ………………………………… 129
FATCA ……… 122、152、167、221、224
FFI ………………………………… 125
FFI契約 …………………………… 124
OFAC規制 ………………………… 190

【ア行】

受入れ機関（特定技能雇用契約の
　相手方となる本邦の公私の機
　関）（勤務先）……… 9、14、16、24、26
疑わしい取引 ………… 92、94、137、187

【カ行】

外国PEPs ………………………… 67
外国為替検査ガイドライン ……… 69
外国人雇用状況の届出 …………… 32
外為法（外国為替及び外国貿易法）
　……………………… 109、166、180、191
解約代り金の返還 ………………… 164
技能実習 ……………………………… 4
技能水準 ………………………… 13、15
基本方針（特定技能の在留資格に
　係る制度の運用に関する基本方
　針について）…………………… 8
休眠預金等活用法（民間公益活動
　を促進するための休眠預金等に
　係る資金の活用に関する法律）
　…………………………………… 162
強制解約
　……… 139〜141、159、160、168、169

居住者 …………………… 111、166
契約自由の原則 ……………… 57、62
国外送金等調書法（内国税の適正
　な課税の確保を図るための国外
　送金等に係る調書の提出等に関
　する法律）………………… 186、192
コルレス契約 ………………… 52、188

【サ行】

裁判管轄 ………… 146、155、198、210
在留カード ………… 18、31、67、73、78
在留カード等番号失効情報照会
　………………………… 65、145、176
在留カードの偽造・変造 ……… 75、80
在留外国人 ………………………… 18
在留期間の更新 …………………… 42
在留資格 ……………………………… 4
在留資格の喪失 …………………… 176
在留資格の変更
　……………… 42、196、201、205、233
サイン証明書 ……… 196、201、205、233
支援計画 ………………………… 9、26
支援省令（特定技能雇用契約及び
　一号特定技能外国人支援計画の
　基準等を定める省令）…………… 24
資格外活動罪 ……………………… 30
実特法（租税条約等の実施に伴う
　所得税法、法人税法及び地方税
　法の特例等に関する法律）……… 130
支払規制 …………………………… 181
資本取引 ………………… 110、167
出入国在留管理基本計画 ………… 40
出入国在留管理庁 …………… 10、145

事項索引　261

準拠法
　　…… 146、154、171、197、202、209、214
消費者契約 ……………………… 148、154
消滅時効 …………………………… 164
制限行為能力者 …………………… 108
成年年齢 …………………………… 107
政府間協定 ………………………… 41
総合的対応策（外国人材の受入
　れ・共生のための総合的対応策）
　　…… 38、48、64、85、153、156、176、222
相互の保証 ………………………… 212
相続 ………………………… 170、214
送達 ………………………… 202、211、212

【タ行】
多言語対応 …………………… 48、85
中長期在留者 ……………………… 18
通則法（法の適用に関する通則法）
　　…… 106、171、197、202、209、214
定型約款 …………………………… 149
適合性の原則 ……………………… 219
登録支援機関 ………………… 9、14、16
特定為替取引 ……………………… 183
特定技能1号 ………………… 7、12
特定技能2号 ………………… 7、15
特定技能雇用契約 ………………… 24
特別永住者 ………………………… 18
特別永住者証明書 ………………… 18
取引時確認 … 67、73、187、195、220、235
取引制限 ………………… 161、168、169
取引を行う目的 ……………… 67、73

【ナ行】
二段の推定 …………………… 196、232
日本語能力水準 ……………… 14、15

【ハ行】
ハイリスク取引 …………………… 67
犯罪収益移転危険度調査書
　　……………… 54、83、132、140
犯収法（犯罪による収益の移転防
　止に関する法律）…… 67、86、187、193
非居住者 …………………… 111、166
不法就労助長罪 …………… 30、31、37
分野別運用方針（特定技能の在留
　資格に係る制度の運用に関する
　方針について）………………… 8
弁済供託 …………………… 164、174
本人特定事項 ……………………… 67

【マ行】
マイナンバー ………… 220、226〜229
マイナンバー法（行政手続におけ
　る特定の個人を識別するための
　番号の利用等に関する法律）…… 68
マネロンガイドライン（マネー・
　ローンダリング及びテロ資金供
　与対策に関するガイドライン）
　　……………… 65、143、189
みなし遵守FFI ……………… 126、167

【ヤ行】
約款変更 …………………………… 148
預貯金口座の不正譲渡
　　……………… 55、57、82、84、95
預貯金口座付番制度 ……………… 229

【ラ行】
リスク遮断 ……………… 54、65、143
リスクベース・アプローチ ……… 53
両替業務 …………………………… 184

Q&A 外国人との共生社会における金融実務

2019年10月10日　第1刷発行

編　　　者	虎門中央法律事務所
編集代表	浜　本　　　匠
	荒　井　隆　男
	高　橋　泰　史
発　行　者	加　藤　一　浩

〒160-8520　東京都新宿区南元町19

発　行　所　一般社団法人 金融財政事情研究会

企画・制作・販売　株式会社きんざい

編集部　TEL 03(3355)1721　FAX 03(3355)3763

販売受付　TEL 03(3358)2891　FAX 03(3358)0037

URL https://www.kinzai.jp/

校正:株式会社友人社／印刷:三松堂株式会社

・本書の内容の一部あるいは全部を無断で複写・複製・転訳載すること、および磁気または光記録媒体、コンピュータネットワーク上等へ入力することは、法律で認められた場合を除き、著作者および出版社の権利の侵害となります。
・落丁・乱丁本はお取替えいたします。定価はカバーに表示してあります。

ISBN978-4-322-13485-8